사회계약론

사회를 여는 마음의 눈

차례
Contents

머리말 - 먼저 '인간'이 되자 4

제1장 사람으로 산다는 것 8

사는 데 필요한 것 / 나는 누구일까 / 필요한 것을 아는 법 / 원하는 것을
얻는 법 / 어떻게 사는 것이 좋을까

제2장 사람이 모여 사는 이유 46

사람이 먼저냐 사회가 먼저냐 / 부부도 사회다 / 사회와 국가는 어떻게
다른가 / 국가가 하는 일

제3장 약속의 두 얼굴 73

약속이란 무엇인가 / 약속으로 얻는 것과 잃는 것 / 약속은 행동의 규칙
이 된다 / 내가 하지 않은 약속도 지켜야 할까

제4장 사회계약: 모두에 대한 모두의 약속 94

국가를 만들기 위한 약속 / 옛날에도 사회계약을 했을까 / 홉스의 사회계
약론: 제3자 주권론 / 로크의 사회계약론: 위임주권론 / 루소의 사회계약
론: 일반의지론 / 사회계약이 민주주의를 만드는가

제5장 사회계약론이 말해주지 않은 것 120

사회계약은 정의로운가 / 정말로 모든 국민이 약속했나 / 투표로 국민의
뜻을 알 수 있을까 / 사회계약론의 교훈

맺음말 - 행복한 시민이 되기 144

참고문헌 147

먼저 '인간'이 되자

누구나 한번쯤은 로빈슨 크루소처럼 무인도에서 혼자 사는 상상을 해본 적이 있을 것이다. 또 다른 사람과 함께 산다는 것을 남달리 기쁘게 느껴본 적도 있을 것이다. 살다보면 혼자 있고 싶을 때도 있고, 다른 사람과 함께 있고 싶을 때도 있다. 다른 사람으로부터 상처를 받거나 자기가 하고 싶은 것을 마음대로 하지 못할 때, 반대로 다른 사람으로 인해 즐거운 일이 생기거나 하고 싶은 것을 마음껏 할 수 있을 때, 이런 상상과 느낌은 더욱 간절할 것이다.

우리는 왜 이런 상상과 느낌을 경험하는 것일까? 그 이유는 '상상'과 '느낌'이란 말에 이미 들어있다. 느낌은 자신의 감각에 외부의 무언가가 자극을 주기에 생겨나는 것이고, 상상은 그런 자극이 기억으로 축적된 것을 떠올려 다시 보는 것이다. 즉, 사람이건 사물이건 자신의 외부에 다른 존재가 있고, 모든 존재는 어떤 식이건 다른 존재와 관계를 형성하며, 그 관계는 서로에 대한 각자의 상상과 느낌으로 시작해서 그것을 반복함으로써 유지된다는 뜻이다. 다른 사람이 있기에 혼자 있거나 함께 있고 싶은 느낌을 받을 수 있고, 그런 상상을 할 수 있는 것이다. 의식적이건 무의식적이건 사람은 항상 다른 사람이 있다는 것을 전제한 상태에서 자신과 자신의 삶에 대해 생각한다.

'인간(人間)'은 원래 사람이 아니라 '사람이 사는 세상'을 가리켰다. 옛날 사람은 다른 사람과 관계를 맺음으로써 인간이 된다는 것을 이미 깨닫고 있었던 것이다. 그러나 언제인지 모르게 이런 생각이 사라지고 글자만 껍질처럼 남아 사람이라는 뜻으로 쓰고 있다. 현대 사회의 특징으로 지목되는 개인의 '원자화' 현상이 그 증거다. 원자화란 사람 간의 관계가 단절되고 고립되는 현상을 가리킨다. 인간이란 말의 원뜻에 비추면 원자화는 '비인간화의 심화'에 다름 아니며, 이것은 인간이기를 포기하는 정도와 그런 사람이 늘어나는 세태를 가리키는 것이다.

최근 생겨난 '혼술'이나 '혼밥' 등의 신조어도 그만큼 우리와 우리 사회가 원자화되었다는 증거다. 이런 신조어가 '비인간화의 심화'에 대해 우리를 더 무감각·무비판적으로 만든다고 걱정하게 하는 한편, 인간으로서 대우받기를 원하는 목소리가 앞으로 더욱 거세질 것을 예상하게 해준다. 이런 걱정과 예상은 자신은 타인과의 관계에서 자유롭기를 바라면서 타인에게는 자신과의 관계에 대한 의무를 요구하는, 사람의 이기적인 마음을 지켜본 결과일 것이다. 잠깐씩이라면 몰라도 이기적인 사람과 오래도록 관계를 유지하며 살고 싶은 사람은 없을 것이다. 부모 자식 관계에서 예외를 볼 수 있으나 이것도 흔치 않은 일이 되어가는 추세다.

시민은 국가와의 관계에서 부여되는 지위이고, 국가는 사회를 전제한다. 사회는 2인 이상의 사람이 관계를 형성한 결사(結社)다. 교차로를 횡단하는 군중을 사회로 여기지 않는 것은 그들을 서로 이어주는 관계가 없기 때문이다. 그래서 시민은 국가의 다른 모든 시민과의 관계 속에 있는 사람이어야 한다. 이것이 시민이 되기 전에 먼저 '인간'이 되어야 한다고 말하는 이유다. 자신을 항상 다른 사람과의 관계 속에 놓고 생각하는 사람, 그래서 다른 사람을 자신처럼 존중하고 다른 사람과 함께 자기 생각과 행동을 조정할 수 있는 사람, 그런 사람이 바로 인간이다. 인간이 되는 것이 그토록 어려운 것일까?

이 책은 시민이라면 기본적으로 알고 있어야 할 사회계약론을 다루기 전에, 인간이 되는 데 필요한 내용을 다룬다. 인간에서 사회계약론으로 여행을 하다 보면, '나에게로의 여행'을 하고 있다는 것을 깨닫는 순간이 있을 것이다. 그 순간 여러분은 인간이 되어있는 자신을 느낄 것이며 시민의 진정한 자격을 획득하게 될 것이다.

제1장 사람으로 산다는 것

사회계약론은 사람의 본성과 사회적 삶에 관한 생각 위에 세워져있다. 본성은 사람이 가지고 태어나는 성질이나 능력 또는 힘을 가리키고, 삶은 자신의 생명을 유지하고 행복을 얻기 위한 모든 활동을 가리킨다. 삶은 크게 자연환경과 사회 환경 속에서 이루어지지만, 그런 환경을 이용하는 개인의 행동은 본성에 따라 다르게 나타난다. 행동이 서로 달라서 서로의 행동을 방해하거나 해를 끼치는 일이 생겨나고, 이런 일을 방지하기 위해 규칙이 고안된 것이다. 그런 규칙들이 사회 환경을 구성한다.

사회마다 자연환경과 사회 환경이 다르니 사람들의 삶도

다르다. 또 환경이 같아도 사람마다 삶의 모습이 다르다. 따라서 사회적 삶을 살기 위해서는 사회의 자연환경과 사회환경뿐만 아니라 사람의 본성, 무엇보다 자신의 본성을 알아야 한다. 사람과 사회를 이해할 뿐만 아니라 자신의 삶을 행복하게 하기 위해서도 필요하기 때문이다. 이 장에서는 사람의 본성과 삶을 이해하기 위한 내용을 다룬다.

사는 데 필요한 것

철·바위 같은 물질들을 제외하고 스스로 움직이는 모든 동물과 식물을 생명체라고 부른다. 생명체라면 어느 것이나 자신의 생명을 유지하려는 성질을 가진다. 이런 성질을 자기보전(self-preservation)의 욕구라고 부르기도 하고, 자연의 본능 또는 육체의 본능이라고 부르기도 한다. 그래서 본능의 목적은 생명을 유지하는 것에 있다고 이해되고 있으며, 본능에 따라 행동한다고 말할 때는 이유를 알든 모르든 대체로 생명을 유지하는 것에 관한 행동으로 생각하는 것이다.

생명을 유지하는 데 가장 중요한 활동은 먹이 활동이다. 먹이 활동은 먹이를 먹는 활동과 구하는 활동을 포함한다. 먹는 활동은 먹이를 입에 넣고 잘게 씹어 삼키는 활동이며,

먹이가 가진 영양분을 흡수하여 몸을 건강하게 하고 움직일 수 있게 하기 위한 것이다. 그런데 먹을 것이 있다면 아무런 문제가 없지만, 먹을 게 없을 때는 먹는 활동을 할 수 없어 생명을 유지하는 것이 어려울 수 있다. 이것이 생명체 활동의 대부분이 먹이를 구하는 것에 집중된 이유이다.

사람도 생명체의 본능을 가지고 있어서 활동 대부분이 먹이 활동에 관계한다. 쌀을 얻기 위해 벼농사를 짓고, 생선을 얻기 위해 고기잡이를 하며, 고기와 양념을 얻기 위해 목축과 채집 활동을 한다. 사람이 동물과 다른 것은 필요한 음식을 얻기 위해 자신이 생산한 것을 다른 것과 교환하는 상업 활동을 하며, 농업·어업·목축업이나 교환 등에 필요한 도구·기계 등의 물건을 생산하는 공업 활동을 한다는 것이다. 동식물의 먹이를 구하는 활동과 같은 사람의 이런 모든 활동을 경제 활동이라 부른다.

생명을 유지하는 데 필요한 활동에 휴식을 포함할 수 있다. 휴식 활동은 육체와 정신의 피로를 풀어서 역시 생명을 건강하게 유지하는 것을 목적으로 한다. 그래서 모든 생명체는 먹이 활동 외의 시간에는 휴식을 취한다. 가장 대표적인 활동이 잠을 자는 것이다. 사람도 경제 활동을 하는 시간 외의 대부분을 휴식 활동으로 보낸다. 휴식을 취하지 않으면 육체와 정신에 피로가 쌓이고, 피로가 쌓이면 병을 얻어 건강을 잃을 수 있고 심하면 생명을 잃을 수도 있기 때문이다.

모든 생명체가 동굴·둥지 등의 집을 구하는 이유는 방해받지 않고 안전하게 휴식을 취하기 위해서다. 또 같은 동식물이라도 사는 곳에 따라 털과 가죽이 다르고 나뭇잎과 껍질이 다르듯이, 사람도 사는 곳의 기후와 온도에 맞게 옷을 입어야 한다. 추운 데서 얇은 옷을 입으면 몸을 덜덜 떨게 되면서 피곤해지고, 더운 데서 두꺼운 옷을 입으면 땀을 많이 흘려 역시 피곤해진다. 의복을 갖춰 입는 것은 멋이나 예를 차리는 것뿐 아니라 휴식을 취하는 데 목적이 있다.

사람은 이 외에도 휴식과 관련된 다양한 활동을 한다. 놀이하거나 TV를 보고, 음악을 듣거나 춤을 추기도 한다. 책을 읽거나 영화나 그림을 감상하기도 하고, 여행을 다니기도 한다. 이런 활동들은 모두 휴식을 취함으로써 몸과 마음의 피로를 풀어 생명을 건강하게 유지하는 것을 목적으로 한다. 사람의 이런 활동을 문화 활동이라 부른다.

먹이 활동과 휴식 활동을 하면 자신의 생명을 유지할 수 있다. 그러나 다른 생명체와 마찬가지로 사람의 생명이 천년만년 계속되는 것은 아니다. 모든 생명체는 수명이 있으며, 수명을 다하고나면 죽게 된다. 그래서 자기 보전의 욕구는 자신의 육체가 생명을 다해서 죽더라도 계속해서 생명을 유지하려는 욕구를 포함한다. 풀과 나무가 열매를 맺어 씨앗을 만들고 그 씨앗을 널리 퍼뜨려서 새로운 풀과 나무가 자라나게 하듯이, 또 동물의 수컷과 암컷이 서로 교배를 해서 새끼를 낳아 생명을 이어가듯이, 사람도 남자와 여자가 성교해서 아이를 낳아 서로의 생명을 이어간다. 이런 욕구를 성욕이라고 부르고, 종을 보전하려는 욕구 또는 종족 보전의 본능으로 부르기도 한다. 이성 교제, 결혼, 임신과 출산 등에 관련한 사람의 모든 활동을 생식 활동이라고 부를 수 있다. 넓게 생각하면 자녀의 양육과 교육도 여기에 포함될 수 있다.

동물의 새끼가 성장해서 짝짓기 시기를 맞거나 식물이 성장해서 씨앗이나 열매를 만들게 되듯이, 사람의 성욕과 생식 활동도 사춘기가 지나고 몸과 마음이 어른으로 성장해야 할 수 있다. 동식물과 달리 사람은 성인으로 성장하는 기간이 길어서, 부모나 다른 사람의 도움이 없이 자신과 자식의 삶을 유지할 능력이나 힘을 갖출 때까지 생식 활동이 허용되지 않는 것이 보통이다. 그래서 청소년의 교제는 부모의 허락과 관리를 받아야 하며, 성년이 되어서도 결혼을 할 때는 어느 나라에서건 대부분 부모의 동의와 축복을 구해야 한다.

결혼해서 자식이 늘어나면 집도 커져야 하고 먹을 것도 더 많이 필요해서, 혼자보다는 부부가, 부부보다는 가족 구성원 모두가 함께 경제 활동을 할 것이 요구되기도 한다. 또 부부나 가족보다는 주위 친족들이 함께 경제 활동을 하기도 한다. 농업이나 어업·목축업도 혼자보다는 여럿이서 협동과 분업을 할 때 일하기가 쉬워져서 생산량과 휴식 시간이 늘어나기 때문이다. 이처럼 부모·형제자매·친척들과 함께 삶을 유지하는 활동을 가리켜 가족 공동체 활동이라고 부르기도 한다. 결혼은 한 가족 공동체가 다른 가족 공동체와 만나 관계를 넓히는 것이기 때문에 부모가 동의하고 친척이 인정하는 것이 필요한 것이다. 결혼식·돌잔치나 생일잔치·명절 등은 가족 공동체의 구성원임을 인정받거나 동의하고 확인하려는 활동이자, 가족 구성원이 공동으로 영위하는 휴식 활동의 하나라고 할 수 있다.

다른 사람과의 교제를 통해서 서로의 관계가 넓어지고, 결혼을 통해서 그 관계가 공고하게 되고 공동체가 확장된다. 교제와 결혼을 통해서 관계와 공동체가 더 커지고 지리적·정신적 공간도 마을-도시-국가로 확대된다. 그런 공동체 안에서 사람과 사람이 만나서 친구·부부·선생님과 학생·직장 동료 등의 관계를 맺고 유지하는 활동은 대부분 경제 활동이나 문화 활동과 함께 이루어지기 때문에, 경제 활동·문화 활동, 나아가 이런 활동 과정에서 사람들의 관계를 유지하기 위해 규칙을 정하고 이익을 분배하는 일에 관계하는 정치 활동 등을 모두 사회 활동이라고 부르기도 한다. 모든 사회 활동은 인간관계를 맺고 유지하는 것에서 시작된다.

생명을 유지하고 보전하기 위해서는 반드시 먹는 것, 쉬는 것, 생식하는 것이 필요하므로, 이 세 가지를 자연적 또는 기본적 필요나 욕구(natural or basic needs, wants)라고 부른다. 그래서 자기 보전의 욕구는 음식·휴식·성욕을 채워줄 수 있는 것을 얻어 이용함으로써 생명을 유지하려는 육체적 자극이나 충동을 가리킨다. 음식을 보면 배고픔의 자극을 느껴 먹고 싶은 충동이 생겨나고, 의자나 침대를 보면 서있는 불편함의 자극이 생겨나 앉거나 눕고 싶은 충동이 생겨나며, 이런 것들을 다른 사람과 함께하고 싶은 자극이 생겨나 친구가 있기를 바라는 충동이 생겨난다.

이렇게 욕구로부터 생겨나는 자극이나 충동을 욕망(desire)이라고 부른다. 이런 욕망의 목적은 당연히 자신의 생명을 건강하게 유지하고 보전하는 것이다. 세 가지 욕망 중에서 특히 종을 보전하는 것에 관계되는 성욕은 일단 생겨나면 다른 욕망보다 강하다고 할 수 있다. 성욕이 진정으로 충족되기 위해서는 다른 사람, 특히 이성이 필요해서 그 사람을 소유하려는 경향을 띠기 때문이다. 그런 경향은 그 사람을 소유할 때 성욕뿐만 아니라 먹고 쉬려는 욕망도 함께 충족함으로써 이로부터 얻을 수 있는 즐거움을 더 크게 느끼려는 기대에서 비롯된다. 그래서 이 세 가지 욕구와 욕망을 모두 자기 보전의 욕구에 포함해서 자기 자신을 사랑하는 마음, 한자로 자기애(自己愛)·자애심(自愛心) 또는 영어로 'self-love'로 부르기도 한다. 사람이라면 누구나 자신을 사랑하는 마음(이하, '자기애')을 가지고 있고, 그 마음의 움직임에 따라 생겨난 기본적 필요들에 대한 욕망을 채워줄 수 있을 것으로 여겨지는 사물이나 사람을 얻으려 하고 또 얻은 것을 이용하는 활동을 함으로써, 생명을 유지하고 종을 번식하며 살아가는 것이다. 사람의 삶은 이와 같은 활동의 연쇄로 구성된다.

나는 누구일까

사람이라면 누구나 자기애를 가지고 있고, 그런 마음의 움직임에 따라 활동하며 살아간다. 그러나 활동은 사람마다 같을 수도 있고 다를 수도 있다. 배고픔은 누구에게나 같지만 선택하는 음식은 다를 수 있고, 휴식의 욕망은 누구나 가지고 있지만 잠을 자기보다 노는 것을 더 좋아하는 사람도 있고 그 반대인 사람도 있다. 음악 듣기를 좋아하는 사람, 잠을 자기를 좋아하는 사람, 여행을 좋아하는 사람이 있는 것처럼, 좀 더 자주 선택하는 휴식의 종류와 내용은 사람마다 다르게 나타난다. 성욕도 사춘기를 지난 사람이라면 누구나 의식적이건 무의식적이건 항상 가지고 있는 강력한 욕망이지만, 좋아하거나 선호하는 상대나 행동 역시 사람마다 달라서 활동이 다르게 나타난다. 이렇게 사람마다 선호·선택 및 행동이 다른 이유를, 어떤 이는 가지고 태어난 본성(本性, nature)이 다르기 때문이라고 말하고, 또 다른 이는 가지고 태어나는 본성이란 없고 환경에 맞춰 살아온 경험이 다르기 때문이라고 말하기도 한다.

본성이 있다고 믿는 사람은 사람이 원래부터 가지고 태어나는 성질이나 능력 또는 힘을 본성이라고 생각한다. 자기애가 태어날 때부터 가진 육체 차원의 성질이라면, 감각·이성·기억·상상력·오성(悟性, understanding) 등은 태어날 때부터 가진 정신 차원의 능력 또는 힘이다. 이 둘을 굳이 구분하자면, 자기애는 '본능'에 가깝고 정신의 능력 또는 힘은 '본성'에 가깝다고 할 수 있다. 그러나 본능이 드러날 때 육체의 힘만으로 드러나는 것은 아니며 반드시 정신의 능력 또는 힘이 매개될 수밖에 없다. 가령 우리가 떨어지는 물체를 보고 순간적으로 몸을 움츠리거나 피하려는 동작을 취하는 것은, 떨어지는 물체를 시각이 뇌에 전달하면 뇌의 정신적 능력들이 작동해서 그 물체가 자신의 안전에 위험하다고 판단하고 그 판단에 따라 뇌에서 움츠리거나 피하려는 동작을 자극하는 물질을 분비해서 근육에 전달했기 때문이다.

우연히 만난 사람을 운명적인 사람이라고 느끼는 것도 그 사람과 자신의 관계에 대한 이런 정신적 판단의 과정을 거친 것이다. 그(녀)가 운명적인 사람이라는 느낌이 본능에서 비롯된 것으로 생각하기가 쉬우나, 사실 그런 느낌은 그 사람이 자신의 보전에 적합한 사람인지에 대해 판단한 후에 그 판단에 따라 그 사람을 소유하겠다는 선택 또는 선호에서 기인하는 것이다. 그러함에도 본능에서 비롯된 것으로 갈음하는 것은 판단, 선택(선호)과 그 과정을 모르거나 알아도 설명하기가 어렵기 때문이지, 판단, 선택(선호)을 이끈 정신의 작동이 없어서 그런 것은 아니다. 그래서 본능을 앞세우는 것은, 정신 능력의 작동을 의식하지 않으려는 것과 같다고 할 수 있다.

이처럼 본능과 본성은 분리하기 어렵고, 사람의 행동은 본능과 본성의 협력, 다시 말해 자기애가 정신의 어떤 능력의 어떤 작동과 연결되는지에 따라 다르게 나타난다. 여기서 자기애를 상수로 놓으면, 사람의 행동을 다르게 하는 변수는 각자의 정신의 능력 또는 힘이라는 결론에 이르게 된다. 능력에 '힘'을 덧붙인 이유는 이렇다. 능력이 신체를 통해 말과 행동으로 이어지고, 말과 행동이 의도한 목적을 달성했다고 하자. 이때 달성된 목적은, 능력이 말과 행동으로 드러나지 않았다면 발생하지 않았을 것이다. 즉, 정신의 능력이 물리적인 결과를 생겨나게 한 것이다.

예를 들어, 투수가 공을 던지면 공이 날아간다. 여기서 던지는 행동과 공이 날아가는 것은 물리학에서 말하는 에너지를 가진 힘의 작용이다. 그러나 공을 던져서 날아가게 하는 물리적 힘은 투수의 정신적 능력이 그의 신체에 작용한 결과이다. 그래서 정신의 능력이 물리적 차원에서 관찰될 수 있는 것을 만들어낼 때, 그 '만들어내는(producing)' 것에 담긴 에너지를 힘(power)으로 간주하는 것과 같이, 능력이 육체를 통해 힘으로 전환된 것으로 간주할 수 있다. 이것은 자기애와 정신의 능력이 항상 함께 작동한다는 것을 뜻하며, 그래서 육체와 정신은 별개인 것처럼 보이나 함께 협력하는 하나의 단위(unity)로 간주하는 것이 타당하다.

자기애를 상수로 놓은 것과 마찬가지로, 정신 능력 중에서도 어떤 종류는 상수로 놓을 수 있다. 사람은 누구나 정신에 감각·이성·기억·상상력·오성 등을 가지고 태어난다. 여기에 창의성·성실성·의사소통 능력 등등 많은 다양한 능력들을 추가할 수 있다. 그러나 뒤의 능력들은 앞의 능력들의 조합과 상호 작용으로 드러나는 특정한 양상을 가리키는 것이며, 어떤 능력을 덧붙이건 이 모든 종류의 능력들을 모든 사람이 가지고 있다는 것은 분명하다.

따라서 정신 능력의 차이는 오직 각 능력의 강약, 조합과 상호 작용의 유형이나 정도가 다른 데서 나오며, 이런 차이가 본성의 차이를 만든다고 할 수 있다. 시각이 강하고 청각이 약한 사람도 있고, 이성이 항상 강하게 작동하는 사람도 있고 약하게 작동하는 사람도 있을 것이다. 강한 청각과 약한 이성이 결합할 때가 있고, 강한 기억에 강한 이성과 강한 상상력이 결합해서 창의성이 될 때도 있을 것이다. 그러나 아무리 다르더라도 누구나 이런 능력들을 지닌 것은 분명하므로, 본성이 없다고 생각하는 것보다 있다고 생각하는 것이 낫고, 이것이 본성이 없다고 믿는 사람보다 있다고 믿는 사람이 더 많은 이유일 것이다.

약 2,500년 전에 살았던 고대 그리스 철학자 플라톤은 정신이 이성(reason)·기개(spirit)·욕망으로 이루어져 있다고 믿었다. 이런 주장을 영혼의 삼분설이라 부른다. 그에 따르면, 욕망은 자기애에서 나오는 모든 욕망을 가리키고, 기개는 예를 들어 옳지 못한 행동을 보았을 때 화가 치밀거나 짜증을 내는 것과 같이 욕망과 구별되는 감정의 강한 움직임을 가리키며, 이성은 헤아리는 능력을 가리킨다. 헤아린다는 것은 사물이나 사람을 비교하여 좋고 나쁨을 구분하거나, 어떤 일이 생기게 한 원인이나 어떤 일이 가져올 결과를 예상하거나, 수를 계산하는 것 등을 가리킨다. 플라톤은 이성을 중심으로 다른 능력들이 질서정연하게 배열 및 작동해야 한다고 믿었으며, 이런 성향이 강한 사람과 그렇지 않은 사람을 금·

은·동에 비유해서 사람들의 성향의 차이, 다시 말해 본성의 차이를 설명하기도 했다.

약 300년전 프랑스에 살았던 루소는 사람의 본성이 자기애·동정심(pity)·이성으로 이루어져 있다고 믿었다. 동정심은 '다른 사람이 고통받는 것을 보기 싫어하는 마음'으로서 자기애가 다른 사람에게로 옮겨질 때의 마음을 가리키며, 이성은 감각·기억·상상력·오성과 같은 정신의 능력을 대표하여 가리킨다. 동정심은 다른 사람과의 관계에서 자기애가 행동으로 드러나는 정도를 조절해주며, 감각·기억·상상력·이성·오성 등의 능력이 발달하는 정도에 따라 다르게 나타난다.

플라톤과 루소는 욕망과 자기애는 모든 사람에게 같고, 이성과 기개 또는 동정심은 사람마다 다르게 나타난다고 생각했다. 표현은 달라도 모든 사람은 자기애와 정신의 능력들을 지니고 있고, 자기애는 사람마다 동등하나 정신의 능력이 달리 작동해서 다르게 나타난다고 생각한 것이다. 다른 사람도 나와 같이 자기애를 가지고 있어서 기본적 필요에 따른 욕망의 종류가 같지만, 각자 감각·기억·상상력·이성·오성 등의 능력이 달라서 선호나 선택 그리고 그에 따른 말과 행동이 다르다는 것이다. 부모가 다르고 사는 곳이 다르고 생김새가 다른 것도 다른 사람과 내가 다르다는 것을 말해줄 수 있다. 그러나 부모가 같고 같은 곳에 살더라도 형제자매와 내가 다르듯이, 다른 사람과 다른 나, 세상에서 오직 하나뿐인 나, 나만의 성격·인격·개성 등 다양한 말로 불리는 나의 본성은 내 정신의 능력이 결정한다는 것이다.

교육을 포함한 후천적인 경험은 이런 능력들을 어떻게 계발하고 발달시키는가에 커다란 영향을 주기 때문에, 자신의 본성이 무엇인지에 대해 생각해보지 않은 상태에서 이미 많은 교육과 경험으로 능력들이 계발 및 발달한 상태가 되는 것이 보통이므로, 본성은 없고 후천적인 경험이 달라서 사람들의 선택과 행동이 다르다고 생각할 수 있다. 분명 어떤 교육과 경험을 했는가가 본성에 관해 많은 것을 이야기해줄 수도 있다. 그러나 식물을 아무리 다른 방향으로 꾸며놓아도 햇빛을 향해 뻗어나가듯이, 정신 능력의 배열 및 조합, 상호작용 등의 유형과 정도가 바뀌어도, 원래 주어진 정신의 성향이 드러날 수 있다. 그래서 내가 누구인지, 어떤 사람인지를 알기 위해서는 가장 먼저 나의 본성, 구체적으로 내 정신의 능력에 관해 알아야 한다.

내가 나를 아는 것은 감각이 있기 때문이다. 감각에는 미각·시각·촉각·청각·후각의 다섯 가지가 있다. 이 다섯 가지 감각을 오감이라고 부른다. 사람은 누구나 오감을 가지고 태어나고 오감을 통해서 다른 사물이나 사람을 알게 된다. 그러나 오감을 통해 다른 사물이나 사람을 아는 것에 너무나도 익숙해져서, 오감을 통해 자신을 느끼고 알게 된다는 것을 깨닫지 못할 때가 많다. 그렇다고 해도 먼저 오감을 통해 자신이 있다는 것을 느낀다는 사실은 변하지 않는다. 음식을 보고 냄새를 맡기에 그것을 먹고 싶은 마음이 생겨나는 것이다. 배고픔도 피로감도 성욕도 육체의 감각 기관이 자극을 받음으로써 느끼는 것이다. 그러나 모든 사람이 오감을 가지나 오감의 강약이나 발달 정도가 사람마다 다르다. 어떤 이는 다른 감각보다 미각이 발달하고 또 어떤 이는 청각이나 시각이 발달했을 수 있다. 미각이 발달한 사람은 먹는 것을 유난히 좋아하고, 청각이 발달한 사람은 먹는 소리를 듣는 것을 더 좋아할 수 있고, 또 시각이 발달한 사람은 먹는 모습을 구경하는 것을 더 좋아할 수 있다. 발달한 감각과 발달한 정도에 따라 좋아하는 음식이 다르고 음악이 다르고 놀이나 게임이 다를 수 있는 것은 물론이다.

감각의 강약과 발달 정도에 따라 선호가 달라서 기억의 내용과 양이 달라질 수 있다. 또 기억의 내용과 양은 주변의 사물과 사람에 따라 달라질 수 있다. 주변에 없는 것을 느낄 수는 없으므로, 자신이 사는 나라·지역·집·이웃 사람·학교 등 주위 환경에 따라 기억의 내용과 양이 달라질 수밖에 없다. 바닷가에 사는 사람은 산으로 둘러싸인 곳에 사는 사람보다 생선이나 해산물에 대해 많은 기억을 가질 것이고 또 잘 먹기도 할 것이다. 그래서 내용과 양에 차이가 있을 수 있으나 기억도 자신이 누구인지를 정하는 데에 영향을 미친다.

상상력은 기억으로부터 과거에 감지했던 것들을 꺼내어 보는 능력을 가리킨다. 그래서 상상력은 자신이 누구인지를 결정하는 데 영향을 미치지 않는다. 그러나 상상력이 이성과 함께 작동할 때 영향을 미칠 수 있다. 말과 뿔을 상상해서 결합한 유니콘을 생각하거나, 피자와 고추장 또는 치킨과 꿀을 상상으로 조합해서 고추장 피자나 꿀 치킨을 상상한다면, 다른 사람과 다르게 상상하는 사람, 창의성을 가진 사람으로서 나를 이야기할 수 있게 된다. 또한 과거의 나에 대한 기억 중에서 특정한 나를 계속해서 상상해내서 이성이 그것을 나라고 판단해서 정하면 그것을 나라고 이야기할 수 있게 된다.

철학자들은 사람이 자신을 아는 것은 이성을 가지고 있기 때문이라고 생각해왔다. 플라톤은 이성의 발달 정도로 사람을 평가하기도 했고, 데카르트는 이성을 가지고 생각할 수 있기에 사람으로 존재한다고 생각하기도 했다. 플라톤은 이성을 '헤아리는 능력'이라고 생각했고, 데카르트는 '생각하는 능력'이라고 생각했으며, 루소는 '비교하는 능력'이라고 생각했다. 헤아리는 능력은 앞에서 설명한 것과 같고, 생각하는 능력은 지금 이 책을 읽는 독자의 머릿속에서 글자에

맞춰 어떤 이미지나 인식을 떠올리고 있는 것을 가리키며, 비교하는 능력은 키가 크거나 작고, 자동차가 움직이거나 움직이지 않는 것을 구별하고, 연필과 볼펜은 서로 다르나 모두 필기구로서 같다고 판단하는 능력을 가리킨다. 헤아리는 능력, 생각하는 능력, 비교하는 능력은 표현과 강조점이 다르지만 모두 비교하여 판단하는 것을 포함하고 있다. 이성을 '비교하고 판단하는 능력'이라 생각해도 좋다는 뜻이다. 물이 반 정도 있는 잔을 보고 많다고 말하거나 적다고 말하고, 또 많아서 좋다거나 적어서 나쁘다고 말하기도 하고 그 반대로도 말할 수 있듯이, 비교해서 판단해낸 결과는 사람마다 다를 수 있다. 그래서 이성도 자신이 누구인지를 정하는 데 영향을 미친다. 다른 사람과 다른 나를 판단한다는 점에서, 이성이 기억이나 상상력 등 다른 능력들보다 내가 누구인지를 알고 정하는 데 더 많은 영향을 미친다고 할 수 있다.

오성은 이해력과 같다. 이해한다는 것은 현재 보고 있는 사물이나 사람·의미 등을 기억에 축적된 그 사물이나 사람, 의미의 이미지와 의미를 일치시키는 것이다. 일치시킨다는 것은 양자가 서로 같다고 판단하는 것이므로, 이해력(오성)은 감각·기억·상상력·이성의 도움을 받아 작동하는 능력이며, 자신의 경험(기억)과 비교하여 판단하게 된다는 점에서 이성의 판단과 같다고 생각할 수도 있다. 다른 능력들과 마찬가지로 오성도 자신이 누구인지를 정하는 데 영향을 미치며, 그 영향은 감각·기억·상상력·이성의 발달 정도에 따라 달라진다.

이처럼 정신의 능력들과 그것들 간의 상호 작용이 어떻게 이루어지는가에 따라 자기애·성격·인격과 개성이 다르게 나타나고, 다른 사물이나 사람·의미 등에 관한 생각이나 의견도, 그리고 자신이 누구인지를 정하는 것도 다르게 형성된다. 그래서 청소년이건 성인이건 항상 성장 또는 변화의 과정에 있는 존재로 간주하는 것이, 또 항상 과거의 기억보다 현재의 감각에 더 충실해서 다른 존재를 느끼는 것이, 나와 다른 존재에 대해 더 잘 알 수 있는 현명한 길일 수 있다.

어쨌든 내가 누구인가를 알기 위해 자신의 정신 능력과 상호 작용이 다른 사람과 다르다는 것을 확인하는 방법은, 자신이 했던 과거의 행동들을 되돌아보면서, 내가 가장 잘 느꼈고 가장 잘 행동했으며 가장 즐거웠던 이미지와 인식에 작동했을 정신 능력과 상호 작용을 알려고 노력하는 것에서 시작할 수밖에 없다. 사람은 미래에 일어날 일을 예상할 수는 있어도 미리 경험할 수는 없고, 지금 경험하는 현재는 매주 중요하나 짧게 지나가서 과거의 기억으로 저장되기 때문이다. 방금 읽은 문단의 내용을 인식한 것이 이미 과거의 기억이 된 것과 같다. 그러나 현재 이 문장을 읽으며 생각하고 있는 '나', 다른 사람과 다른 '나'는 태어날 때부터 지금까지 계속해서 존재해왔고, 미래에도 있을 것이 분명하다. 그런 '나'는 내 생명을 유지하기 위해 했던 행동들 속에서 내 감각이 느꼈고, 상상력이 상상했으며, 기억이 기억했고, 이성이 비교·판단하고 오성이 판단해서 일치시켰던 '나'들을 모두 현재의 '나'와 같은 하나의 '나'로 정한 것이다.

과거의 삶 속에서 내가 했던 행동들이 모두 같은 행동은 아니기 때문에, 기억 속의 '나'는 모두 다르다고 할 수 있다. 살아오면서 찍었던 많은 사진 속의 내 모습은 몸과 얼굴이 성장해서 바뀌었기 때문에 사진마다 다르다. 그러함에도 모두 하나의 같은 '나'라고 생각하는 것은 정신의 능력들이 상호 작용해서 그렇게 정한 것이다. 이렇게 여러 개의 '나'를 하나의 같은 '나'라고 판단하려는 것을 '동일화(identification)'라고 말하거나 '정체성(identity)', 또 자아 정체성이라고 부르기도 한다.

자아 정체성은 자신의 정신 능력과 상호 작용에 의해서만 형성되는 것은 아니다. 사람은 다른 사물이나 사람과 관계를 맺으며 삶을 살아가기 때문에, 나에 대한 다른 사람의 정신 능력과 상호 작용으로부터도 영향을 받는다. 친구가 "너는 이러이러한 아이야!"라고 말하고, 부모나 형제자매가 "너는 무엇을 잘하는 것 같아!" 라고 말한다면, 이들은 모두 자신들의 감각·기억·상상력·이성과 오성 속에 있는 '나'를 말하는 것이다. '나'에 관한 다른 사람의 판단을 고려해야 하는 이유는 나의 정신 능력과 상호 작용이 빠뜨리는 것을 다른 사람이 기억할 수도 있고, 또 나도 다른 사람도 성장하며 변하고, 서로의 관계에서 행동도 변하기 때문이다. 자아 정체성 또는 내가 누구인가는 삶을 살아가면서 항상 자기 자신과 주위의 사람들에게 묻고 생각하고 판단함으로써 결정해야 한다는 뜻이고, 크게 변하지는 않아도 어떤 식으로든 변할 수 있다는 뜻이다.

필요한 것을 아는 법

자신은 물론 다른 사람에게 내가 누구인가를 묻고 생각하고 결정할 때, 이름과 나이, 다니는 학교, 사는 곳, 부모형제 등을 문답하는 정도에서 그치는 것이 보통일 것이다. 그러나 그렇게 묻고 대답한다고 해서 내가 누구인지를 아는 것은 아니다. 단지 사회적 관계에서 나의 위치만을 확인하는 것일 뿐이다. 그래서 내가 누구인가를 알기 위해서는, 묻고 생각하고 결정할 때 가장 기본적인 두 가지에서 시작하는 것이 좋다. 하나는 내가 어떤 음식을 좋아했고 어떻게 놀거나 쉬기를 좋아했는지, 그리고 어떤 친구와 사귀기를 좋아했는지를 자문함으로써 자기애가 어떻게 나타났는지를 알려고 하는 것이다. 이것은 자신의 욕망을 좀 더 잘 알기 위한 것과 같다. 다른 하나는 내가 무엇을 잘하고 못하는지를 물어봄으로써 자신의 정신 능력과 상호 작용이 어떻게 나타나는지를 알려고 하는 것이다.

이렇게 할 때 함께 생각해야 하는 것은 다른 사람과의 관계다. 자신의 욕망과 능력은 다른 사람과의 관계에서 드러나고 변하기 때문이다. 내가 좋아하는 과자라고 해서 친구가 가진 과자를 빼앗아 먹어서는 안 되고, 또 내가 잘한다고 해서 친구의 일을 대신 해줘서도 안 된다. 노래를 부르고 싶다고 해서 조용하게 휴식을 취하고 싶은 사람 옆에서 목청껏 노래를 불러서도 안 되며, 내가 좋아한다고 해서 다른 친구가 싫어하는데도 계속 따라다닐 수 없는 것이다.

좋아하고 잘하는 것도 다른 사람과의 관계에서 변하거나 다르게 말해질 수 있다. 그림 그리기를 좋아한다고 해서 반드시 그림을 잘 그리는 것도 아니고, 또 싫어한다고 해서 반드시 못 그리는 것도 아니다. 성장하고 나이가 들면서 좋아하고 싫어하는 것이 변하고, 또 이유를 몰라도 좋아하거나 싫어할 수도 있다. 다른 사람이 좋아하거나 싫어하니까 나도 따라서 좋아하거나 싫어할 수도 있다. 이럴 때는 자기가 정말로 좋아하거나 싫어하는 것이 아닐 수 있다. 자기가 잘하는 것과 못하는 것도 마찬가지다. 내 주위의 사람들이 못하기 때문에 내가 잘하는 것처럼 보일 수 있고, 주위 사람들이 잘해서 내가 못하는 것처럼 보일 수도 있다. 또 얼마나 배우고 연습하느냐에 따라서 자기가 정말로 좋아하고 잘하는지와 상관없이 좋아하고 잘하는 것처럼 보일 수도, 아닐 수도 있다. 이것은 자신의 욕망에 다른 사람의 욕망이 섞일 수 있고, 자신의 능력도 다른 사람의 능력 때문에 다르게 평가될 수 있으며, 또 다른 사람의 능력 때문이 아니더라도 자신의 노력에 따라 능력과 평가가 얼마든지 달라질 수 있다는 것을 말해준다.

이런 이유에서 나를 알기 위해서 자신의 욕망과 다른 사람의 욕망을 구별하면서도, 자신의 능력을 평가할 때는 다른 사람의 능력과 비교해야 한다. 이것은 자신에게 진실로 즐겁고 행복한 삶을 사는 데 필요한 것이기도 하다. 자신의 욕망과 능력을 알지 못하고 행동하는 사람과 알고 행동하는 사람이 그런 행동으로부터 얻을 수 있는 즐거움과 행복에는 커다란 차이가 있기 때문이다. 내가 싫어하는 것을 먹었을 때와 좋아하는 것을 먹었을 때 느끼는 즐거움이 크게 달랐던 것을 기억하면 쉽게 이해된다.

자신의 욕망을 알고 구별할 수 있고 자신의 능력을 적정하게 평가할 수 있다면, 선택과 행동이 즐거움과 행복 등의 좋은 결과를 가져다줄 수 있다. 그러나 자신의 욕망을 구별하고 능력을 적정하게 평가하는 것이 말처럼 쉬운 것은 아니다. 즐거운 것, 좋아하는 것, 잘하는 것을 구별하는 것은 가치(values)를 판단하는 일이고, 가치를 판단하는 일은 사물이나 사람 또는 일어난 일이나 일어날 일(활동)에 값을 매기는 것이기 때문이다. 값을 매기는 것은 돈이 얼마라는 식으로 가격을 정한다는 뜻이 아니다. 어릴 적 500원에 비해 지금 1,000원이 두 배의 즐거움을 준다고 말할 수 없기 때문이다. 가격은 시대에 따라 지역에 따라 변하나, 기본적으로 필요한 것과 그것을 충족해서 얻게 되는 즐거움은 언제 어느 곳에서나 같은 것이다. 배가 고플 때 피자를 먹음으로써 얻게 되는 포만감이 피자의 가격에 달려 있지 않은 것과 같다. 그러나 가격은 필요를 채워줄 것을 얻을 수 있는 능력과는 관계가 있을 수 있다.

보통 가치를 말할 때, 즐거움과 고통, 좋고 나쁨, 옳고 그름, 아름답고 추함, 완전하고 불완전함, 행복과 불행, 참과 거짓 등을 가리킨다. 또 이런 가치를 포함하고 있다고 말해지는 것 자체를 가치라고 생각하기도 한다. 지식·명예·도덕·사랑·우정·인권·공익·희생·봉사·돈·재산 등등 다양하다. 그러나 이런 말들이 가리키는 것들을 왜 '가치'라고 하고 얻으려 할까를 생각하면, 이 모든 것이 사람의 생명·건강·행복에 도움을 주기 때문이라는 것을 알 수 있다. 도움이 된다는 것은 어떤 것을 얻고자 할 때 유용하다는 것을 가리킨다. 음식이 보기에도 예쁘고 맛도 좋다면, 먹을 때 도움이 되고 포만감을 얻을 수 있으며, 건강과 생명을 유지하는 데도 도움을 줄 수 있다. 덜 익은 과일보다 잘 익은 과일이 보기에도 예쁘고 맛도 좋고 영양도 많을 것이므로, 과일의 완전함·아름다움·좋음은 불완전함·추함·나쁨보다 더 얻으려고 할 만하다고 할 수 있는 것과 같다. 우리가 과일에 대해 이런 가치들을 말하는 것은 그 과일이 사람의 생명·건강·행복에 도움이 된다고 판단하기 때문이다.

이것은 가치를 판단할 때 판단의 목적과 기준이 무엇인지를 생각해야 하고, 그런 목적과 기준을 올바르게 정해야 한다는 것을 말해준다. 컴퓨터 게임이 즐겁고 좋은 것이라고 가치를 부여하려면, 컴퓨터 게임을 하는 목적과 기준이 올바르게 정해져야 하는 것과 같다. 컴퓨터 게임을 하면 즐거움을 얻을 수 있다. 그러나 게임으로 얻는 즐거움이 생명과 건강에 주는 도움보다, 게임을 해서 얻는 해로움이 생명과 건강을 더 해칠 수도 있다. 정신적인 피로를 완화하는 데 도움이 될 수 있으나, 게임이 잘되지 않거나 오랜 시간 게임을 할 때 정신적 피로가 오히려 더 많이 쌓일 수도 있다. 그래서 컴퓨터 게임은 휴식을 취한다는 목적에서 한 시간 정도 하는 것이 좋다거나, 한 시간 게임을 했으면 10분씩 휴식을 취하는 것이 좋다고 권하는 것이다. 또 단것을 먹으면 기분이 좋고 영양분도 얻을 수 있지만, 너무 많이 먹으면 이가 썩거나 다른 음식의 맛을 상하게 해서 즐겁게 먹는 것을 방해할 수 있고 영양의 불균형이 생겨나 건강을 해칠 수도 있다. 교제도 마찬가지다.

이것은 음식·휴식·성욕의 세 가지 기본적 필요들을 채워줄 수 있는 사물·사람과 그것을 얻고 이용하려는 욕망과 활동의 가치를 판단할 때, '목적'은 자신의 생명을 건강하게 유지하는 것이어야 하며, '기준'은 그런 목적에 가장 도움이 되는 정도나 양·시간 등으로 삼아야 한다는 것을 말해준다. 또한 목적과 기준을 올바르게 세운다는 것은 목적에서 벗어나거나, 기준을 넘어서거나 모자라는 것은 피해야 한다는 것을 말해주기도 한다. 음식을 너무 많이 먹거나 너무 적게 먹어도, 또 휴식을 너무 많이 취하거나 너무 적게 취해도 생명을 건강하게 유지하는 목적을 해칠 수 있기 때문이다. 욕망은 금지가 아니라 절제의 대상인 것이다.

자신의 생명을 건강하게 유지하는 데 알맞은 정도, 알맞은 양, 알맞은 시간을 아는 방법 역시 자신의 욕망과 능력을 올바르게 아는 것에서 시작된다. 친구가 피자를 다섯 조각

먹는다고 해서, 컴퓨터 게임을 세 시간 동안 하는 것이 좋다고 말한다 해서, 그것이 나에게도 알맞은 것은 아니다. 친구와 나는 몸과 마음이 다르기 때문이다. 그래서 과거에 너무 많이 먹어서 힘들었거나 너무 적게 먹어서 배가 고팠을 때 얼마나 먹었는지, 또 너무 많이 휴식을 취해서 힘들었거나 어려움을 겪게 되었을 때 어떤 것을, 얼마나 했는지를 떠올리는 것이 자신에게 가장 알맞은 정도와 양·시간을 정하는 가장 좋은 방법이다. 친구와 사귀거나 노는 것도 마찬가지다. 그러나 이런 결정은 한 번으로 끝나는 것이 아니다. 몸과 마음이 성장하고 있으므로 그런 성장에 따라 알맞은 정도·양·시간도 변할 것이기 때문이다. 그래서 항상 자신의 생명을 건강하게 유지하는 데 알맞은 기준이 무엇일까를 생각해서 결정하고 그런 결정에 따라 행동하는 습관을 지니는 것이 중요하다.

원하는 것을 얻는 법

습관은 어떤 행동을 반복하는 것을 가리킨다. 물건을 왼손으로 잡는 것이 반복될 때 왼손잡이, 오른손이 반복될 때 오른손잡이라고 말하는 것도 습관을 가리키는 것이다.

습관의 대부분은 기본적 필요들을 채워줄 수 있는 사물과 사람에 관계된 행동들이 반복돼서 생겨난다. 이런 습관에 대해서도 좋고 나쁜 것, 옳고 그른 것 등 가치를 판단할 수 있다. 습관이 자신의 생명을 건강하게 유지하는 데 알맞은 것이라면 즐겁고 좋은 것이지만, 알맞지 않은 것은 고통스럽고 나쁜 것이라고 할 수 있다.

습관은 다른 사람과 관계를 맺을 때의 행동이 반복돼서 생겨나기도 한다. 이렇게 생겨나는 습관은 적은 편이다. 다른 사람과 관계를 맺을 때도 기본적 필요들에 관해서 하는 행동들을 옮기기 때문이며, 관계 자체에도 기본적 필요들을 채워줄 수 있는 것과 같은 가치를 부여하기 때문이다. 이뿐만 아니라 관계를 맺는 사람이 많고 다르며, 또 다른 사람의 행동으로 인해 자신의 행동이 그때그때 달라지기 때문이기도 하다.

습관은 저절로 생겨나는 것이라고 말해지기도 하나, 결코 그런 것이 아니다. 모든 습관은 원인과 목적을 지니고 있다. 사람의 모든 행동이 원인과 목적을 가진 것과 같다. 원인은 행동하게 만든 것을 가리킨다. 목적은 행동으로 얻으려는 것을 가리킨다. 사람들이 만났을 때 악수를 하는 것은 둘 중 어느 한 사람이 손을 내밀었기 때문이고, 다른 사람은 내민 손을 보고 악수하자는 것임을 알아차려서 손을 잡아 흔드는 것이다. 악수는 전쟁이 잦았던 옛날 서양에서, 해칠 생각이 없다는 뜻을 보여주기 위해 맨손을 내밀어 보여주고 또잡아 확인하는 행동에서 시작된 것이다. 악수하는 습관은 자신의 호의와 우정을 보여주고 확인하는 것이 목적인 것이다. 지금은 악수하는 이유를 모르거나, 알더라도 그 목적을 잊은 채 손을 내밀 정도로 많은 사람에게 널리 알려진 인사법의 하나가 되었다. 모든 행동은 원인과 목적을 지니지만, 악수처럼 그것을 몰라도 할 수 있는 것처럼, 원인과 목적을 모르는 습관을 지닐 수 있다. 이런 경우에 부모·형제나 가까운친구가 말해주기 전까지 그것이 자신의 습관이라는 것조차모르는 것이 보통이다. 습관이 저절로 생겨난 것이라고 말하는 것은 이럴 때를 가리킨다.

자신이 가진 습관의 원인과 목적을 모르는 것보다 알고있을 때, 좋게 바꾸거나 없애는 것이 가능해진다. 습관인 줄모르고 있을 때는 좋게 바꾸거나 없애야겠다는 생각조차 할수 없는 법이다. 그래서 자신이 습관이라고 알고 있는 것뿐만 아니라 다른 사람이 자신의 습관이라고 말하는 것에 대해서도 귀를 기울일 필요가 있다. 습관이 기본적 필요를 얻는 것과 다른 사람과 관계를 맺는 것에서 생겨나는 것이므로, 이것을 거꾸로 생각하면 사람은 습관을 통해서 원하는것을 얻고, 습관을 통해서 관계를 맺으며, 습관을 통해 즐겁고 행복한 삶을 사는 것이라고 말할 수도 있게 된다. 밥을 먹은 후에 과일이나 아이스크림 같은 후식을 먹는 것이 오래 반복되면 왜 먹는지도 모르고 후식을 찾게 되는 것처럼, 습관이 반복되면 원인이나 목적을 잊어도 습관을 따라 행동하게 된다. 그래서 좋은 습관을 갖거나 나쁜 습관을 좋게 바꾸는 것이 중요하고, 그러기 위해 그 원인과 목적을 아는 것이 필요한 것이다.

좋은 습관을 따라 행동하는 것은 다른 사람과 관계를 맺을 때 더 중요하다고 할 수 있다. 이때의 습관이 좋고 나쁜가가 자신이 원하는 것을 얻느냐 얻지 못하느냐를 결정할 수 있기 때문이다. 습관에 따라 어른을 만나도 인사를 하지 않거나, 반말하는 습관을 지닌 사람이 다른 사람에게 길을 묻거나 값싸고 좋은 물건이 어떤 것인지를 물어보게 되면, 상대방을 불쾌하게 만들어서 원하는 대답을 듣기 어려울 수도 있고, 심하면 엉뚱한 대답으로 해를 입을 수도 있다. 또 말할 때 다른 사람의 몸을 툭툭 치는 습관은 몸에 손이 닿는 것을 싫어하는 사람과의 교제를 어렵게 할 것이다. 이것은 자신의 습관과 행동이 다른 사람에게 수용 가능한 것이어야 한다는 것을 뜻하며, 그래서 사람들은 인간관계에서 좋은 것으로 받아들여지고 있는 습관·예절·관행·관습 들을 행동할 때 지키고 따라야 할 규칙으로 삼는 것이다. 여기서 예절은 다른 사람과의 관계에서 습관을 행동으로 옮기는 방법을 가리키고, 관행은 많은 사람이 좋다는 가치를 부여해서 현재 따르고 지키는 습관과 예절을 가리키며, 관습은 오랫동안 넓은 지역에서 많은 사람이 지키고 따라온 관행을 가리킨다. 이런 습관·예절·관행·관습들을 통틀어 도덕이라고 부르고, 이런 도덕의 가치를 판단하는 일에 관한 학문을 윤리라고 부른다.

도덕과 윤리를 알고 따르는 것은 자신이 원하는 것을 얻을 수 있는 능력과 가능성을 높이는 일이다. 능력은 육체보다 주로 정신의 힘을 가리킨다. 그래서 능력을 기른다고 할 때는 육체의 능력보다 정신 능력을 발달시키는 것이며, 학교 교육이나 직업 교육 등 교육에서 사용되는 교재는 이런 능력들을 발달시키는 데 도움이 되는 내용으로 채워져 있다. 우리가 교재의 내용을 배우고 학습하는 것은 우리 자신이 원하는 것을 스스로 얻을 수 있는 능력을 함양함으로써 즐겁고 행복한 삶을 살기 위한 것이다. 그러나 각자의 능력을 행동으로 옮기는 것은 대부분 다른 사람과의 관계에서 이루어지기 때문에, 정신 능력만이 아니라 다른 사람과의 관계에서 정신 능력을 올바르게 행동으로 옮기는 방법도 알아야 한다. 그래서 자신의 욕망과 능력뿐만 아니라 윤리와 도덕을 알고 따르는 사람은 사회에서 즐겁고 행복한 삶을 살 준비를 모두 끝낸 셈이 된다.

어떻게 사는 것이 좋을까?

즐겁고 행복한 삶을 살기 위해서는 자아 정체성을 형성해야 하고, 자신에게 알맞은 욕망과 그런 욕망을 충족해줄 수 있는 능력, 그리고 그런 능력을 행동으로 옮기는 방법을 함양해야 한다. 이렇게 할 때 결정적인 영향을 미칠 수 있는 것이 가치 판단의 기준이다. 어떤 기준에 따라 가치를 판단하는가에 따라 즐거움과 행복이 달리 평가될 것이기 때문이다.

그렇다면 즐거움과 행복은 무엇이고, 가치 판단과 어떻게 관계되는 것일까?

삶은 행동의 연속으로 이루어지고, 모든 연속된 행동들은 세 가지 기본적 필요를 채우는 행동과 그것을 얻기 위한 행동으로 나눌 수 있다. 청소년의 하루 생활을 예로 들어보자. 잠에서 깨어난다(휴식). 아침 식사를 한다(음식). 학교에서 쉬어가면서(휴식) 공부한다(능력). 점심을 먹는다(음식). 친구와 사귀고 이야기를 나눈다(성욕과 휴식). 학원에 간다(능력). 집에서 저녁을 먹고 쉬고 놀다가 잠을 잔다(음식과 휴식). 성인의 하루 생활도 별반 다르지 않다. 학교를 직장으로 바꾸고, 학원을 자기 계발을 위한 시간으로 대체하면 나머지는 대동소이하다. 다만 성인의 경우 능력을 기르는 활동이 아니라 능력을 발휘하는 활동을 주로 한다는 차이가 있을 뿐이다. 이처럼, 삶은 욕망을 충족하는 행동과 충족할 수 있는 능력을 기르는 행동의 연속이다. 이런 하루가 반복되고 하루와 해가 연속되면서 삶은 연속된다.

그런데, 이렇게 생명을 건강하게 유지하는 것이 삶의 전부일까? 또 그렇게 하는 것이 즐거움과 행복의 전부일까?

이런 질문들은 인류의 역사와 함께 계속되었다. 어떤 사람은 즐거움은 감정의 움직임으로서 생명을 건강하게 할 것을 느끼는 것이고, 고통은 생명을 위험하게 할 것을 느끼는 것으로 생각했다. 어떤 사람은 즐거움은 욕망을 충족했을 때 느끼는 감정이라고 생각하고, 또 어떤 사람은 감정의 변화가 없이 평화로움을 느낄 때가 진정한 즐거움이라고도 생각했다. 그리고 그런 즐거움은 욕망과 능력이 알맞게 균형을 이뤘을 때 얻게 된다고 생각했다. 욕망보다 능력이 작으면 욕망을 채우지 못해서 고통을 느끼게 되고, 욕망보다 능력이 크면 능력을 제대로 발휘하지 못해서 고통을 느끼게 된다고 생각했기 때문이다.

특히 능력을 제대로 발휘하지 못해서 느끼는 고통은 인간이 더 완전해질 수 있는데 그렇게 되지 못해서 생겨나는 것으로 생각하기도 했다. 이런 생각에서 완전함을 추구해야 할 가치로 여기기도 했다. 완전함을 모든 것을 알고 있고 모든 것을 할 수 있어서 충족할 수 없는 욕망이 없는 상태, 그래서 이런 전지전능한 상태는 사람이 아니라 오직 신의 성질이라고 생각하기도 했다.

또한 모든 것을 할 수 있다는 점에서 자유를 삶의 우선적인 가치라고 말하기도 했다. 자유는 자신이 원하는 것을 하거나 원하지 않는 것을 하지 않는 것(freedom), 그리고 그럴 때 다른 사람의 방해나 강요가 없는 상태(liberty)를 가리킨다. 또 자유는 하려고 하거나 하지 않으려는 뜻과 다른 사람의 방해나 강요를 거부하는 뜻을 함께 가지고 있어서 자유 의지라고 부르기도 한다. 의지는 선택하거나 거부하고, 찬성하거나 반대하려는 마음을 가리킨다. 자신의 자유 의지대로 선택하고 행동하면서 살기 위해서는 그렇게 할 수 있는 능력이나 힘을 가져야 한다. 원하는 것을 하지 못했을 때나 욕망을 충분하게 채우지 못했을 때는 의지와 반대되기에 고통을 느끼게 되는데, 그 고통은 능력의 부족으로 생기는 것이기 때문이다. 그래서 삶의 목적을 '자유 의지의 실현' 또는 '자유의 추구'로 간주한 것이다.

또 어떤 철학자는 신과 같은 완전함을 가진 사람이 되는 것을 삶의 목적으로 생각했고, 다른 철학자는 자연의 법칙에 따라 사는 것을 삶의 목적으로 생각하기도 했다. 기독교에서는 신의 말씀에 따라서 신을 찬양하고 신의 세상에 가는 것을 삶의 목적으로 생각했다. 그것이 신이 인간을 창조한 목적이라고 생각했기 때문이다. 불교에서는 사람을 인간으로 만드는 욕망과 능력의 굴레에서 벗어나야 신과 같은 존재가 될 수 있고 그렇게 되는 것이 삶의 목적이라고 생각하기도 했다.

　행복에 대해서도 마찬가지로 다양한 문답이 있다. 행복을 즐거움(pleasure)—쾌락이라고도 하며, 정도에 따라 구분하기도 한다. 최고의 즐거움은 '무아지경'으로 번역될 수 있는 'ecstasy'이고, 그 아래는 '환희'로 번역될 수 있는 'rapture'라고 간주하는 식이다—과 같은 것으로 생각한 사람도 있고, 행복은 즐거움이 아니라 '즐거움이 지닌 좋음'에서 비롯되는 것이라 생각한 사람도 있다. 여기에 즐거움을 자신의 행동이 좋은 결과를 가져올 때 느끼는 감정이라고 생각해서, 좋은 결과를 가져올 때를 행운으로, 반대의 결과를 가져올 때를 불운으로 간주하는 생각이 더해지기도 했다. 예를 들어 숲을 지날 때 맹수를 만날 수도 있고 아름다운 꽃이나 순한 산짐승을 볼 수도 있다. 어떤 일을 마주하게 될지 모르지만, 아름다운 꽃이나 순한 산짐승을 만났을 때 좋은 기분을 느낄 수 있는 것처럼, 행운—'happiness'의 어원은 행운(좋은 것)을 얻는다는 의미이다—을 얻음으로써 좋음(감정)을 가질 수 있다는 생각이다. 그래서 삶의 목적을 '좋음을 주는 행운'을 얻는 것으로 생각해서, 해와 달·하늘·신에게 행운을 얻게 해달라고 제사를 지내거나 기도를 하기도 했다.

이상을 곰곰이 생각해보면, 즐거움은 다른 것의 원인이 아니라 결과라는 생각에 이르게 된다. 작업 성과가 좋아서 즐거운 것이지 즐거워서 작업 성과가 좋은 것은 아니며, 시험 성적이 좋아서 즐거움을 느끼는 것이지 즐거움을 느껴서 성적이 좋은 것은 아닌 것과 같다. 즐겁게 일하고 공부해서 성과와 시험이 좋을 수도 있으나 반드시 그런 것은 아니다. 그래서 즐거움은 좋음·자유·완전함 등을 생겨나게 하는 원인이 아니라, 이것들을 얻거나 만끽할 때 생겨나는 결과라고 할 수 있다. 이런 측면에서 즐거움을 삶의 최종적인 목적이라고 생각하는 것이 가능할 수 있다.

그러나 즐거움의 정도에 크기를 더하면, 다른 생각에 이를 수 있다. 모두가 즐거울 때와 나 혼자만 즐거울 때 즐거움의 정도나 크기는 다를 것이다. 서로 사랑하는 연인이 있는데 한 사람은 즐겁고 다른 사람은 즐겁지 않을 때, 즐거움을 느낀 사람의 즐거움은 과연 진정한 즐거움일까? 다시 말해 이 질문은 연인이 공유할 수 있는 즐거움일 때 좀 더 크고 깊은 즐거움이라는 것이며, 나아가 모든 사람이 공유할 수 있는 즐거움이 가장 진정한 즐거움이라는 답을 내포하고 있다.

진정한 즐거움은 관계의 좋음도 포함할 수 있는 것이라는 생각에 기초한다. 그래서 즐거움만을 삶의 목적으로 설정하기에는 부족하며, 좋음을 얻는 것, 자유를 얻는 것, 완전함을 얻는 것 등을 함께 고려해야 할 필요가 있다는 생각으로 나아가게 된다. 즉, 즐거움은 좋음·자유·완전함의 필요조건일수는 있어도 충분조건은 아니라는 것이며, 그래서 즐거움보다 좋음·자유·완전함을 삶의 목적으로 설정하는 것이 더 현명할 수 있다는 것이다.

좋음·자유·완전함, 이 세 가지는 개별적으로 즐거움을 낳을 수도 있겠지만, 서로 결합해서 즐거움을 낳는 것이 대부분일 것이다. 이 세 가지뿐만 아니라 진리(truth)·정의(justice)·아름다움 등의 다른 가치들도 서로 얽혀있다는 뜻이다. 볼펜의 부속품이 하나 없을 때 그 볼펜은 불완전한 것이되고, 그것을 가지고 글씨를 쓸 수 없으니 올바르지 않으며, 글을 쓰려는 사람의 자유(의지)를 방해하기 때문에 좋지 않은 것이 된다. 또 자전거의 부속품 하나가 없거나 망가지면 자전거는 불완전한 것이 되고, 원하는 곳으로 이동하는 자유를 방해할 수 있어서 좋지 않은 것이 된다. 이것은 이 세 가지 중 어느 하나를 삶의 목적으로 삼아도 나머지 두 가지 가치를 얻을 수 있거나, 아니면 나머지 두 가지도 함께 목적으로 삼아야만 한다는 것을 말해주는 것일 수 있다.

어떻게 사는 것이 좋을까를 물으면, 의사나 변호사·정치가·과학자·교수·경찰·군인과 같은 직업으로 답하는 경우가 생각보다 많다. 최근에는 '부자 백수'나 '건물주'라고 답하는 경우도 드물지 않다. 그러나 이런 대답은 경제활동과 같은 사회활동을 할 때 일정한 분야나 역할 등에 주어지는 이름으로서, 삶의 목적을 물어보는 질문과는 거리가 멀다고 할 수 있다. 이런 직업을 가졌다고 해서 생명을 건강하게 유지하거나 즐겁고 행복한 삶을 사는 것이 보장되는 것은 아니며, 직업을 갖고 난 후에도 어떻게 살 것인가라는 질문은 여전히 유효하기 때문이다. 이런 직업이 요구하는 일을 하는 이유, 그런 직업을 선택한 이유, 그런 이유에 대한 자신의 선택이 아마도 삶의 목적에 조금 더 가까운 대답일 것이다.

삶은 행동의 연속으로 이루어지기 때문에, 삶의 목적은 행동의 목적과도 같은 것이다. 그래서 미래에 갖게 될 직업을 위한 행동은 자신의 능력을 기르는 활동의 목적이 될 수는 있어도, 다른 사람과의 관계에서 지금 하는 행동의 목적이 될 수는 없는 것이다. 삶의 목적으로 어떤 가치를 선택할 것인가는 각자에게 맡겨져 있으나, 좋음·자유·완전함을 선택하는 것이 바람직하고, 또 이 중에서 하나를 선택하라고 한다면, 다른 사람과 갈등하거나 부정적인 평가를 받을 가능성이 상대적으로 높은 '자유'나 '완전함'보다 '좋음'을 선택하는 것이 바람직할 것이다. 인간관계 속에서 삶을 살아갈 때 순간순간을 잇는 행동들이 모두 좋음을 가졌다면, 그리고 그 좋음이 자신만의 좋음이 아니어서 다른 사람들로부터도 좋은 행동이라고 평가받게 된다면, 항상 자신의 행동으로 좋은 결과를 얻을 것이고 그로부터 즐거움을 느낄 것이기 때문이다. 좋은 행동을 하는 사람이라는 평가가 누적될 때, 자신이 원하는 것을 하거나 원하지 않는 것을 하지 않으려고 할 때, 다른 사람의 협력이나 도움을 받거나 아니면 적어도 방해나 강요를 받는 일이 크게 줄어들 것이므로 자유로울 수 있으며, 그런 자유를 행하고 만끽함으로써 더 완전함을 더해가는 자신의 삶을 살게 될 것이다.

행복한 삶은 행운을 얻어서가 아니라 좋음을 추구함으로써 자신이 만들어가는 것이다. 운명은 주어진 것이 아니라 만들어가는 것이다.

제2장 사람이 모여 사는 이유

  사회계약론은 사회의 기원과 본성에 관한 생각을 바탕으로 한다. 사회의 기원은 사람이 어떤 이유에서 어떻게 사회를 만들게 되었는지에 관한 것을 가리키고, 사회의 본성은 사회가 지녀야 할 질서가 무엇인가에 관한 것을 가리킨다. 자연의 질서가 도리(道理) 또는 이치(理致), 영어로는 진리 또는 사물의 법칙(the order or the law of things)을 의미하듯, 사회의 질서는 인간과 그 관계의 도리·이치·진리·법칙을 의미한다. 모든 사회는 각각의 목적을 가지며, 그런 목적을 설정하고, 목적을 달성하기 위한 질서를 구성하며, 질서를 유지하려는 방법과 힘이 필요하다. 국가는 그런 목적 설정, 질서의 구성과 유지, 방법과 힘의 결정과 행사에 관계한다.

　이 장은 사회의 기원과 본성에 관한 생각들을 소개하고, 사회의 발달 과정을 살펴봄으로써 사회와 국가가 어떻게 연결될 수 있는지 이해하도록 돕는다. 또한 몇몇의 중요 개념에 관한 설명과 함께, 사회와 국가의 목적을 비교함으로써 국가의 일, 국가 형태와 정치 체제(정체), 그리고 정체 변동을 명료하게 이해할 수 있도록 돕는다.

사람이 먼저냐 사회가 먼저냐

　사회가 처음에 어떻게 생겨났을까는, 최초의 사람이 어떻게 생겨났을까와 같이, 기원을 결정해보자는 질문이다. 고대 그리스인은 신이 우주(자연)와 사람을 창조했다고 믿었다. 최초의 신인 데미우르고스(Dēmiourgos, 조물주)가 혼돈(chaos)에 질서(logos)를 부여해서 우주(cosmos)를 만들고, 우라노스(Uranus, 하늘)와 가이아(Gaia, 땅)를 창조해서 신들의 기원으로 삼게 했으며, 프로메테우스(Prometheus)가 진흙을 빚어 사람의 모양을 만들고 아테나(Athena)가 숨을 불어넣어 생동하게 했다고 믿었다. 중세인은 하느님이 세상을 창조하고, 당신의 모습을 본떠 아담을 창조했으며, 그의 갈비뼈로 이브를 만들었다고 믿었다.

근대에 들어서면서 자연과학이 발달하기 시작하자 최초의 사람이 어떻게 생겨났을까에 대해서도 과학적으로 생각하기 시작했다. 과학적으로 생각한다는 것은 경험적인 증거를 바탕으로 원인과 결과의 논리를 세운다는 것을 가리킨다. 과학적으로 생각한 결과, 물과 번개의 작용으로 무기물이 유기물로 변했고, 유기질이 원시 세포라는 생명체로 발달했다는 것을 증명했으며, 화석·두개골 등의 많은 경험적 증거를 바탕으로 사람이 원숭이와 같은 조상을 가지며 자연환경에 적응하는 오랜 과정에서 다른 종으로 진화했다는 대답이 가능했다.

진화론은 오늘날 대부분의 나라에서 사실처럼 받아들여지고 있다. 그러나 신의 창조론을 믿는 사람은 진화론이 종과 종 사이의 전환이 어떻게 생겨났는지를 설명하지 못한다고 비판하고, 진화론을 믿는 사람들 사이에서도 유인원 두개골의 진위가 논쟁이 되기도 한다. 또 진화론을 믿는 사람은 신의 창조론이 성경이나 전설 외에 아무런 증거도 가지고 있지 않다고 비판한다. 이것은 창조론과 진화론 중 어느 하나가 진리라거나 어느 하나를 선택해야 하는 문제가 아니라, 양자 모두 최초의 사람이 어떻게 생겨났는지에 대한 누군가의 대답이자 의견이라는 것을 말해주는 것이다.

신이 아닌 사람의 의견을 진리라고 간주하기는 어렵다.

그러나 질문하고 답하는 것은 여전히 유용한 것이다. 누군가의 의견이 다른 사람에게 그 의견이 담고 있는 논리의 참과 거짓을 구분해볼 계기를 제공한다는 것만으로도, 문답하면서 논의해볼 이유는 충분한 것이다. 어떤 식으로든 정신의 능력을 발달시킬 것이고, 그런 발달은 창조론과 진화론을 계속 수정하고 보완해서, 언젠가는 어느 쪽에서건 논리를 완성할 수 있으리라 기대할 수 있다.

사회가 사람으로 구성된다는 사실은 변함이 없으므로, 사회와 사람 중 어느 것이 먼저냐는 질문에는 누구나 "사람이 먼저"라고 답할 것이 틀림없다. 창조론을 믿었던 중세와 근대인들은 성경에 나오는 아담과 아담이 살았던 상태를 최초의 자연인과 자연 상태로 가정했다. 사회계약의 사상가들이 최초의 자연인이 홀로 독립한 상태에서 자연환경에 순응하면서 삶을 살았다고 가정한 것은 여기에 근거를 두고 있다. 이브가 창조되어 아담과 함께 살게 되고 자손이 이어지면서 사회가 생겨나 발달했다고 믿은 것이다.

그러나 진화론을 믿는 사람들은 이런 가정을 받아들이기가 어렵다. 우주·자연과 생명체는 신이 창조한 것이 아니기 때문에, 아담과 이브는 특정한 씨족이나 부족의 조상이거나 씨족이나 부족을 가리키는 명칭이었을 것이며, 이들을 낳은 부모, 또 그 부모의 부모가 있었어야 한다고 생각할 것이기 때문이다.

그렇다고 해서 진화론을 믿는 사람들이 사회가 먼저냐 사람이 먼저냐를 결정하지 못한다는 것은 아니다. 이들은 '최초'의 의미를 구분함으로써 답할 것이다. 예를 들어 우리가 우리의 조상을 단군과 웅녀라고 여기듯이, 그리스인들은 자신들의 조상을 헬레네(Helene)와 오르세이스(Orseis)로 여기는 것과 같다. 그리스의 그리스어 이름이 '헬라스(Hellas, 희랍)'이고 알렉산드로스 대왕이 제국을 건설하고 전파한 그리스 문화를 헬레니즘이라고 부르는 것은 그리스의 시조를 헬레네라고 생각했기 때문이다. 헬레네와 오르세이스의 세 명의 자식들의 후손이 도리스인·이오니아인·아카이아인·아이올리스인 등으로 나누어진 것처럼, 어느 한 사람 또는 부부가 이전에 소속된 사회에서 떨어져 나와 새로운 사회의 기원이 되었다고 설명하는 방식을 따르는 것이다. 세계의 거의 모든 나라는 그리스와 같이 자기 나라(nation, 민족)—'nation'의 어원은 태어난다는 뜻을 가진다—의 기원에 관한 신화를 가지고 있다. 창조론을 믿는 사람들도 아담과 이브의 창조 외에는 이들의 후손에서 수많은 민족이 갈라져 나왔다고 생각하고 있으며, 발달 과정에 대한 설명도 진화론을 믿는 사람들의 설명과 다르지 않다.

'최초의 1인'을 가정하는 것에서 벗어나면, 아담과 이브처럼 사람이 태어날 때는 이미 부모라는 사회가 있었기 때문에, 사회가 먼저라고 생각할 수 있게 된다. 사회가 없는 최초의 자연인과 자연 상태에 대한 경험이 없어서 자연인과 자연 상태라는 생각을 받아들이기 어려워서이기도 하지만, 기존의 사회에서 떨어져 나온 사람(부부)이 새로운 사회의 기원이 된 것에 관해서는 경험이 있기 때문이기도 하다. 그래서 굳이 정해야 한다면 사회가 먼저라는 데에 동의할 수 있고, 그런 동의는 사회의 의미·기원과 발달에 관한 생각의 기초가 된다.

부부도 사회다

사회는 두 명 이상의 사람들로 이루어진 모임을 가리킨다. 그러나 길을 가다가 우연히 아는 사람을 만났다가 헤어졌을 때의 두 사람을 사회라고 부를 수는 없다. 얼마나 오랜 기간을 함께하는가가 유일한 기준은 아니지만, 어떤 공유된 목적이 없다면 오래도록 함께하기 어려우므로 사회를 규정하는 기준이 될 수 있다. 기간보다 더 분명한 기준은 '공유하는 목적'이라는 것이다. 또한, 두 사람이 만났거나 살고 있는 곳을 사회로 부를 수는 없다. 장소는 항상 같은 곳에 있겠지만 사람이 항상 그곳에 있는 것은 아니기 때문이다. 부부가 오랫동안 떨어져 살아도 부부라고 여기는 것처럼, 사회는 장소와 같은 물리적인 것과 별다른 관계가 없다. 그래서 사회는 '두 명 이상의 사람이, 어떤 목적을 공유하면서, 오랜 기간을 함께 생활하는 것이나 그런 현상'을 가리킨다고 할 수 있다.

부부는 공유된 목적을 가지고 오랜 기간을 함께 생활하는 사회라고 할 수 있다. 아주 드문 처녀 생식의 경우를 제외하고, 모든 사람은 사회 속에서 태어나고 사회를 이루며 사는 사회적 존재라고 할 수 있다. 남녀가 부부가 되려고 할 때, 공유하는 목적은 자기애에 포함된 성욕, 즉 종족 보전의 본능에서 비롯된 것이다. 성욕의 충족을 위해 부부라는 사회를 이루고 성욕의 목적인 아이를 낳아 기르게 됨으로써 가족을 이룬다는 사실이 사람을 사회적 존재로 만드는 출발점인 것이다.

아이들이 성인이 되면 배우자를 얻기 위해 다른 가족을 찾아 떠나거나 주위의 다른 가족들과 관계를 맺을 것이 요구된다. 가족과 가족이 가까운 거리에 살면서 자녀들을 결혼시킴으로써 가족과 가족의 공동체가 생겨난다. 가족 공동체의 인구가 늘어나고 계속해서 아이들이 자라 결혼을 하면서 가족 공동체는 더욱 크게 확대된다. 이렇게 성장한 가족 공동체를 씨족 사회라고 부르고, 이들이 모여 사는 마을을 집성촌이라고 부른다. 씨족 사회가 더욱 발달해서 몇 개의 씨족사회가 하나의 사회를 이룰 때 부족 사회라고 부르고, 여러 개의 집성촌으로 이루어지기 때문에 부족 사회가 사는 지역도 더 넓어진다.

가족이 늘어나면 더 많은 음식이 필요하고 더 넓은 집이 필요하듯이, 기본적 필요를 충족하기 위해 더 많은 것이 필요하게 된다. 혼자보다 둘, 둘보다 여럿이 함께 사냥할 때 더 큰 짐승을 잡을 수 있고 가족의 기본적 필요를 충족하는 데 유리하다는 것을 깨달은 사람들 사이에서 협업과 분업이 생겨났다. 사람들 사이에 협업의 목적과 방법, 역할의 분담 등을 논의하기 위한 모임이 생겨나고 그런 모임이 정기적으로 반복됨으로써 경제 공동체라는 사회가 생겨났다. 이런 경제 공동체는 씨족 사회나 부족 사회에서 모두 발견되지만, 부족 사회로 발달하면 서로 모르는 사람이 많아지므로, 부족 사회에서는 서로 모르는 사람 사이에서 협업과 분업 그리고 생산물을 나누고 서로 바꾸는 시장과 시장의 질서가 생겨났다. 시장과 질서를 통해 부족 사회의 경제 활동 영역이 확대됨으로써 경제 공동체는 더 넓게 확장된다.

또한, 사람들은 혼자보다 여럿이 함께 휴식을 취하는 것이 생명을 건강하게 하는 데 유리하고 더 즐겁게 해준다는 것을 알게 됨으로써, 배우자뿐만 아니라 휴식을 함께 할 친구를 사귀려고 하게 된다. 휴식을 함께 하려는 사람들의 모임과 교제가 반복됨으로써 오늘날 클럽·서클(동아리)·펍·커피하우스 등 다양한 이름으로 불리는 사회(단체)들이 생겨난다. 이런 사회들은 씨족과 씨족, 부족과 부족이 함께하는 축제나 운동 경기 같은 것을 준비해서 치르기도 한다.

이런 사회들이 씨족을 넘어 부족 사회로, 여러 부족 사회로 확대되면, 특정한 목적을 공유하는 길드·연합·협회·조합 등의 연합체가 생겨난다. 이런 사회에는 농업협동조합·수산업협동조합·대한의사협회·전국택시조합·전국노동자연합 등과 같이 경제 활동을 하는 사람들이나 같은 직업을 가진 사람들이 모인 연합체도 있고, 문화 활동을 목적으로 하는 사회들의 연합체도 있다. 또한, 다른 사람을 돕거나 모든 사람에게 이익을 주는 활동을 하려는 연합체도 생겨난다. 오늘날 이런 사회들을 모두 가리켜 시민 사회, 또는 각각을 개별적으로 칭하면서도 모두 가리킬 때 시민 단체라 부르기도 하며, 소속 구성원에게 이익을 주려는 목적을 가진 단체를 이익 집단, 소속 구성원보다는 다른 모든 사람의 이익을 도모하려는 목적을 가진 단체를 공익 단체·NPO(비영리 단체) 또는 NGO(비정부 기구)로 구분하기도 한다.

이처럼 사람이 다양한 사회를 만드는 이유는 그 구성원의 기본적 필요들을 충족함으로써 생명을 건강하게 유지하기 위해서다. 가족이 생겨나 씨족으로, 또 부족 사회로 발달하는 것도, 시장·단체·연합체 등을 만들어 경제 공동체와 문화 공동체로 확대되는 것도, 각각의 기본적 필요들을 충족함으로써 생명을 건강하게 유지하려는 목적에서 비롯된 것이다.

이런 사람들, 크고 작은 사회와 공동체를 모두 가리켜 민족이라고 부를 수 있다. 민족은 같은 지역에서 태어나고 같은 조상을 가지고 오랫동안 함께 생활해온 거대한 생활 공동체와 구성원들을 가리킨다. 그러나 예나 지금이나 하나의 민족만으로 구성된 국가는 거의 없으며 대부분 여러 민족으로 구성된다. 과거에는 국민이란 말을 민족과 같은 말로 사용하기도 했으나 오늘날에는 한 국가에 '정주(定住)'한 사람들을 가리키는 인민(people)이란 말과 구분하기도 하며, 미국의 경우 정주할 권리를 가리키는 '영주권'과 정치적 권리를 가리키는 '시민권'을 구분하는 것처럼, 국민을 구체적으로 시민권을 가진 인민—시민 또는 유권자—이란 뜻으로 좁혀서 사용하기도 한다.

어떻게 부르건 모든 국가 안에는 크고 작은 사회들이 있으며, 규모와 상관없이 모든 사회는 그 사회를 구성한 목적을 방해하거나 해를 입히는 일이 생겨나는 것을 피할 수 없다. 구성원의 수와 자연환경이나 사회 환경이 알맞지 않은 사회는 구성원들의 기본적 필요를 원하는 만큼 충족시켜 줄 수 없기 때문이다. 기본적 필요를 충족할 대상이 부족할 수 있고, 또 풍족하더라도 사람들의 선호가 유사해서 선호의 대상이 부족하게 되기 때문이다. 가령, 익힌 감자 5인분과 고기 5인분을 무료로 제공하고 10명에게 둘 중 하나만 선택할 수 있게 하면, 대부분 고기를 선택할 것이다. 좁고 낡은 집과 넓고 새로운 집 둘 중 하나를 선택하라면, 또 잘생긴 사람과 그렇지 않은 사람 중에서 선택하라면, 사람들의 선택은 특정한 대상에 집중되는 것이 보통일 것이다. 이와 같이 자원의 부족과 선호의 유사성이 '자원의 희소성'을 만들어낸다.

자원의 희소성으로 인해 사람들은 자신이 선호하는 대상, 다시 말해 이해나 관심으로 불리기도 하는 이익(interest)을 차지하기 위해 다른 사람과 경쟁하는 상황에 놓이게 된다. 경쟁은 자신의 이익을 차지한 사람과 그렇지 않은 사람을 낳고, 이것은 만족과 불만족, 나아가 즐거움과 고통, 행복과 불행을 낳는 원인이 된다. 또한 자신의 이익을 차지하지 못해서 불만족·고통·불행을 느낀 사람 중에는 자신의 생존을 위해 다른 사람이 차지한 것을 훔치거나 빼앗으려고 하는 사람이 생겨날 수 있다. 그런 이익에는 자신의 성욕을 충족시켜줄 수 있는 사람에 대한 선호도 포함된다. 그래서 서로 좋아하는 사람을 차지하기 위한 싸움이 생겨나기도 하며, 이런 모든 경쟁과 갈등의 상황이 생겨나고 해결되는 과정에서 다른 사람을 쫓아내거나 심지어 죽이는 일까지 벌어지기도 한다. 이런 경쟁과 갈등은 사람들의 생명과 건강에 대한 위협이 될 수 있고, 전쟁처럼 국가 간의 관계에서도 발생할 수 있다.

이처럼 모든 사회는 목적을 공유하면서도 그에 반하는 상황을 낳는 모순을 또한 공유한다. 루소가 『사회계약론』의 '정체(政體)의 사멸'을 다루는 부분에서 정체의 사멸이 "가장 잘 구성된 정부도 피할 수 없는 자연적인 경향"이며, 모든 정체는 "인간의 몸처럼 태어난 순간부터 자신을 파괴할 원인을 가진 채로 죽어가기 시작한다"고 한 것은 이런 모순을 지적한 것이다. 그러나 사람마다 몸의 구성(constitution)이 달라서 수명이 다르듯이, 정체도 어떻게 구성하는가에 따라 사멸을 늦출 수도 있다.

이런 모순을 경험으로 알았거나 역사를 통해 깨달은 사람은, 사회의 모든 구성원이 각자 자신의 이익을 추구하는 행동을 할 때 경쟁을 공정하게 하고 갈등을 방지하거나 처벌하는 행동 규칙들을 마련하고 따라야 한다는 생각에 이르게 된다. 시장의 질서처럼, 이런 행동 규칙들이 사회를 유지하는 질서를 이루게 된다. 그래서 모든 사회는 그 구성원들이 명시적으로나 암묵적으로 따를 것에 동의한 저마다의 질서를 가지며, 이를 개선하건 대체하건 어떤 식으로든 질서를 유지해서 사회를 존속시킨다고 할 수 있다.

사회와 국가는 어떻게 다른가

대부분의 민족은 여러 국가를 세운 경험을 지니고 있다. 우리 민족은 고조선, 고구려·백제·신라, 고려·발해, 조선-대한제국이라는 이름의 국가를 세웠던 적이 있고, 현재 북한에서는 조선민주주의인민공화국을, 남한에서는 대한민국을 세워서 유지하고 있다. 이것은 우리 민족은 국가는 다르지만 오랜 기간 하나의 사회를 이루며 살아왔다는 것과, 국가는 바뀔 수 있어도 민족은 바뀌지 않는다는 것을 말해준다.

그러나 어떤 민족이 식량 부족이나 추위, 또는 전쟁을 피해서 다른 지역으로 옮겨가게 되면, 옮겨간 지역에 살고 있던 다른 민족과 섞이면서 새로운 민족이나 국가가 생겨나기도 한다. 게르만족이 이동함으로써 유럽 곳곳에 여러 민족과 국가를 세운 적도 있고, 여러 민족이 이주해서 미국·캐나다·호주 등과 같은 국가를 세우기도 했다. 스페인·포르투갈 사람들이 중·남아메리카로 가서 멕시코·브라질·아르헨티나 등의 국가를 만드는 데 기여하기도 했다. 하나의 국가 안에 여러 개의 민족이 있는 곳에서도 오랜 기간 서로 결혼해서 생활하는 것을 반복함으로써 하나의 민족이 되어가기도 한다.

하나의 민족으로 이루어진 국가의 국민은 민족과 국가를 같은 것으로 생각할 수도 있다. 민족을 가리키는 '네이션'

을 국가를 가리키는 '스테이트(state)'와 구별하지 않거나 혼동하는 것이다. 그래서 '네이션'을 국가라고 생각하기도 하고, 민족이 오랫동안 살아온 지역이나 땅을 가리키는 '컨트리(country)'로 국가를 가리키기도 하며, '스테이트'와 정부를 가리키는 '거번먼트(government)'를 혼동하기도 한다. 그러나 여러 민족으로 이루어진 국가의 국민은 민족과 국가가 같지 않다고 생각할 것이다. '스테이트'는 '컨트리'에 사는 '네이션'의 질서를 만들고 유지하는 통일적인 조직(organization)이나 단위를 가리키고, 이런 조직이나 단위를 움직이는 정부가 있다고 생각하기 때문이다. 사회가 여러 사람의 모임을 가리키기 때문에 조직이나 단위로서의 국가도 사회라고 할 수 있지만, 사회와는 다른 특징을 가지고 있어서 구별하는 것이 보통이다.

첫째, 민족이 여러 부족과 씨족으로 나뉘듯이 사회는 여러 개의 작은 사회들로 나뉠 수 있지만, 국가는 여러 개의 작은 국가들로 나누어지지 않는다.

둘째, 사회는 그 안에 있는 작은 사회들이 저마다의 질서를 가지고 있으므로 여러 개의 질서를 가지지만, 국가는 국가 내 모든 사회에 공통되고 모든 사회가 지켜야 하는 하나의 질서를 가진다.

셋째, 사회는 그 안의 작은 사회들을 움직이고 유지하는 여러 개의 조직을 가질 수 있으나, 국가는 사회의 여러 조직을 총괄하는 오직 하나의 조직 – 정부 – 을 가진다.

넷째, 사회는 다른 사회의 질서를 통제하는 힘을 가지지 않지만, 국가는 모든 사회의 질서를 통제하는, 국가 권력 또는 주권이라고 부르는 통일된 힘을 가진다.

다섯째, 사회의 질서는 사람들 사이에서 생겨난 행동 규칙으로서 습관·예절·관행·관습의 도덕(규범)을 바탕으로 하지만, 국가의 질서는 법을 바탕으로 한다. 이것은 사회는 질서를 유지하는 힘을 도덕(규범)에서 얻지만, 국가는 법으로부터 주권을 행사할 힘을 얻게 된다는 것을 뜻한다.

국가가 사회와 구별되는 특징을 가진 것은, 사회가 발달하면서 생겨난 문제들을 해결하기 위해 국가가 만들어졌기 때문이다. 사회는 하나의 질서를 가지는 것이 아니라 여러 개의 질서를 가지고 있기에, 서로 다른 질서를 가진 사회 사이에 갈등이나 싸움이 생겨난다. 한 사회의 구성원은 다른 사회의 행동 규칙보다 자신이 속한 사회의 행동 규칙이 더 익숙하고 또 더 많은 이익을 준다고 생각하기 마련이다. 그래서 하나의 커다란 사회에는 씨족·부족·단체·연합체 등 자신이 속한 사회의 질서를 전체 사회의 질서로 만들려고 행동하는 사람들이 생겨나고, 그들 사이에 경쟁과 갈등이 생길 수밖에 없다. 그런 경쟁과 갈등에서 이긴 사람이나 씨족·

부족 또는 민족이 사회를 주도하는 세력이 되며, 그 세력을 오래도록 세습하고 유지할 때 지배 계급이 된다. 모든 사회는 이런 과정을 겪었으며, 그 과정에서 사회의 질서를 만들고 유지하는 일, 다른 사회의 공격으로부터 소속 구성원의 생명과 이익을 안전하게 보호하는 일을 맡을 조직이 필요해진 것이다.

이처럼 사회 질서와 조직을 만들고 유지하는 활동, 어떤 것이 가장 좋은 질서인가를 놓고 다투고, 질서와 조직을 만들고 유지하는 힘을 누가, 어떻게, 얼마만큼 가질 것인가를 놓고 다투는 활동을 모두 가리켜 정치라고 부른다. 정치의 목적이 국내외의 위협에서 국민의 생명과 이익을 안전하게 보호하는 것임은 당연하며, 이를 위해 이익과 권력 등을 분배하는 활동을 포함해야 하는 것도 당연한 일이다.

'정치'라는 말은 원래 고대 그리스에서 도시 국가를 가리키는 '폴리스(polis)', 그리고 폴리스의 구성, 운영 또는 관리를 가리키는 폴리테이아(politeia)에서 나온 영어 '폴리틱스(politics)'를 19세기 중엽에 한자로 번역한 것이다. 그전까지 동아시아에서는 '정치(政治)' 대신 '경세(經世)'라는 말을 주로 썼다. 고대 그리스인들은 폴리스를 시민들의 생활 공동체라고 생각했기 때문에 '폴리틱스'는 '폴리스와 폴리스의 구성, 운영 또는 관리에 관한 일'이라는 뜻을 가지며, 동시에 그런 일들에 관한 학문이란 뜻도 가지게 된 것이다.

그런데 생활 공동체에서 일어나는 일이 다양하고 범위도 넓어서, 폴리틱스, 즉 정치가 정확히 무엇이며 어떤 활동을 의미하는 것인지에 대해 다양한 생각들이 제시되어왔다. 어떤 사람들은 자기 생각이나 이익을 질서에 반영하기 위해 의견을 표출·조정·타협·결정하는 활동이라고 생각한다. 또 어떤 사람은 정치를 지배 계급이 되려는 세력 간의 투쟁으로 보기도 하고, 갈등이나 다툼을 조정하기 위해 설득하고 강제하며 결정하는 힘을 행사하는 활동이라고 생각하기도 한다. 사람마다 강조하는 것은 다르나, 이 모든 일이 '폴리스'에서 일어나는 것임은 분명하다. 그래서 정치가 무엇인지에 대한 생각은 달라도 모든 사회에는 정치가 있기 마련이고, 또 모든 사람이 어떤 식으로든 정치에 관여한다는 데는 생각이 일치하고 있다. 이렇게 모든 사람은 정치 활동을 통해서 보다 완전한 인간이 될 수 있다고 생각했기 때문에 고대 그리스의 아리스토텔레스는 인간을 '정치적 동물'이라고 한 것이다.

이처럼 국가와 정치는 서로 뗄 수 없는 관계다. 국가가 법과 조직으로 구성된다면, 법과 조직을 만들고 움직이게 하는 것이 정치이기 때문이다. 그래서 모든 국가는 법과 국가를 만들고 움직이는 정치 제도를 가지며, 정치 제도의 핵심은 질서를 만들고 유지하는 힘과 그 힘을 사용할 사람과 조직을 구성하는 것, 즉 '정치 권력의 구성과 조직'에 있다고 할 수 있다.

고대나 중세에는 대부분 씨족이나 부족 중에서 가장 강력한 힘을 가진 사람이 정치 권력을 차지하거나 행사할 것을 부여받았다. 또 어떤 씨족이나 부족의 장(king)이 다른 씨족이나 부족을 복속시켜서 정치 권력을 차지하기도 했고, 전쟁을 통해 정복해서 정치 권력을 확대하기도 하였다. 이렇게 정치 권력을 얻기 위해 다투는 과정에서 생겨난 행동 규칙이 질서가 되고 그런 조직이 제도로 발전한 국가를 왕국 또는 군주국이라 부르며, 그런 질서와 제도 그리고 그에 따른 정치 활동을 총칭해서 왕정(kingship) 또는 군주정(monarchy)이라고 부른다. 왕국 또는 군주국에는 여러 씨족이나 부족의 왕들이 있으며, 이들은 동양과 서양의 정치사에서 정치 권력을 차지하려는 수많은 다툼과 갈등의 기록을 만들어낸 주역이었다.

다양한 경우가 있지만, 다른 왕들을 압도할 강력한 왕이 없거나, 국왕의 후손이 없거나 국왕의 능력이 부족할 경우, 국왕이 될 자격이 있다고 주장하는 왕(혹은 왕족과 귀족)들 사이에서 정치 권력을 공유하는 질서와 제도가 발달될 수 있는데, 이런 정체를 귀족정(aristocracy)이라 불렀다. 귀족정의 경우, 국왕이 될 자격이 방계나 다른 왕족에게 주어질 수 있고 선출의 방식을 가질 수도 있으나 국왕이 반드시 없어야 하는 것은 아니어서, 왕국 또는 군주국의 국가 형태가 유지될 수도 있다. 다만 국왕의 지위가 소수 사이에 공유된다는 점에서 귀족정으로 구분하는 것이 가능한 것이다.

전쟁으로 인한 폐허 속에서 또는 전쟁을 피해 이주한 사람들이 국가를 세우거나, 왕국 또는 군주국에서 시민 봉기가 일어나 정치 권력을 탈취하는 등등, 몇몇 경우에 시민들이 정치 권력을 공유하는 질서와 제도가 발달될 수 있는데, 이렇게 소수가 아니라 시민권을 가진 다수의 사람들 사이에서 정치 권력이 공유되는 정체를 민주정(democracy)이라 불렀다. 왕정 또는 군주정이 귀족정으로, 또 귀족정이 민주정으로 변하는 것은 전쟁이나 봉기 같은 급격한 변화를 수반하지 않는 경우가 드물다. 특히 민주정의 경우 국왕이 없을 것이 필수적이므로 국가 형태를 달리 구분해야 한다.

왕정에서는 왕의 명령이 곧 법이므로 법을 만드는 조직·절차나 방법이 중요하지 않지만, 다른 두 정체, 특히 민주정에서는 법을 만드는 조직·절차나 방법이 매우 중요하다. 이것들이 마련되어 있지 않거나, 마련되었어도 공평·공정하지 않으면, 특정한 사람이나 세력이 정치 권력을 독점하는 일이 생길 수 있고, 정체와 국가가 변할 수도 있기 때문이다. 원로원·부족 민회·백인대 민회 등 국가 안의 여러 사회가 정치를 공유한 로마 공화정에서 정치 권력이 카이사르에 이어 옥타비아누스에 집중됨으로써 제국·제정이 된 것이 그 보기다.

공화국(republic)은 고대 그리스의 아테네 민주정 시기의 '폴리테이아'를 라틴어로 번역한 'res publica'에서 나온 말이다. 공화국은 '일, 것'을 가리키는 라틴어 '레스(res)'와, '공동의·공적인' 또는 모든 인민을 가리키는 '푸블리카(publica)'의 합성어로, '공동의 것' '공적인 일' '인민의 것' 등으로 이해할 수 있다. 폴리스가 시민으로 구성된 공동체라는 폴리테이아의 속뜻을 옮긴 게 레스 푸블리카다.

공화국은 왕국 또는 군주국과 성격이 크게 다르다. 후자가 강자의 권리 또는 정복자의 권리 위에 세워진 국가로서 국가가 국왕의 소유물로 이해되는 반면, 전자는 동등한 자유 또는 권리 위에 세워진 국가로서 국가가 공동의 소유물로 이해되기 때문이다. 국가가 소수의 소유물로 이해될 때 1인 소유가 아니라서 왕국 또는 군주국과 거리가 있다고 생각할 수 있다. 그러나 소수가 소유한다는 것은 '공공' '공적' 소유라는 생각에 견줄 때 공화국과 거리가 멀다.

공화국은 '공동의 것'이기에, 정치 권력의 구성과 조직이 매우 중요하다. 정치 권력의 구성과 조직은 법의 양식으로 규정되므로, 공화국은 법 위에 세워진 국가라고 할 수 있다.

당연히 그 법은 공동의 이익을 규정하고 거기에 동의하는 절차를 거쳐 만들어지는 것이다. 법 위에 세워진 국가라는 것은 정치 권력의 행사 역시 법을 바탕으로 해야 한다는 것을 의미한다. 그래서 만약 국왕이나 소수의 귀족들이 자의적인 명령이 아니라 법에 따라 통치한다면 공화국으로 간주할 수도 있다. 민주공화국은 당연한 것이거니와 귀족공화국도 가능하다는 얘기다. 심지어 군주가 여러 왕들 중에서 가장 강력한 왕 또는 대표자를 가리키거나 그런 집단을 가리키는 것으로 이해되고, 그들이 만들 법에 따라 국가를 만들고 통치할 때, 군주공화국(입헌군주국)도 가능하다. 그러나 민주공화국이 아닌 정체에서는, 처음에는 공화제와 유사했더라도 국왕이나 군주, 소수 귀족의 자의적인 명령이 법을 대체해서 정체를 장악해나가는 것이 보통이다.

국가 형태는 왕국 또는 군주국과 공화국 두 종류가 있을 뿐이지만, 각각에 결합해서 운영할 수 있는 정체는 다양하다. 군주정, 귀족정, 민주정 사이에서 다양한 조합으로 정체를 구성할 수 있기 때문이다. 그러나 국가가 공동의 것이냐 아니냐는 윷놀이의 '모 아니면 도'와 같아서, 어떤 정체건 정치 권력이 공유되느냐 독점되느냐로 공화국이냐 아니냐를 가를 수 있다. 민주정이 가난한 다수의 정치권력 독점으로 비난받기도 했던 것이 사례가 될 수 있다. 즉, 공화국에서는 특정한 집단이나 세력·개인이 정치 권력을 독점하는 것을 방지하고, 모든 이가 공유하는 질서와 제도, 그리고 그에 따라 정치 활동이 이루어지도록 정체를 구성하는 것이 가장 중요하다는 뜻이다.

오늘날 거의 대부분의 국가가 민주주의를 표방하고 있다. 국가의 정치 권력은 국민으로부터 나온다는 국민 주권의 원리를 표방하는 것이다. 몇몇 국가에서 정치 권력이 특정 계층이나 정당에 의해 오랜 기간 점유되는 경우가 있기는 하지만 이는 법에 따라 통치하는 한 정당화될 수 있고, 마련된 절차와 방법에 의해 선출되고 교체될 수 있는 한 인정될 수 있다. 그래서 대부분의 국가에서는 부유한 계층이나 학식을 갖춘 계층에 의해, 또 다른 한편에서 가난한 계층이나 특정한 이념을 추구하는 세력에 의해 정치 권력이 독점되는 것을 방지하기 위한 절차와 방법, 제도를 갖추고 있으며, 이를 실현하기 위해 견제와 균형의 원리에 따라 정치 권력을 분리 및 분산시키는, 조금 더 복잡한 혼합 형태의 정체를 운영하고 있다. 이런 사실은 민주주의 이념을 표방하지만 단일한 형태의 민주정이 아니라 혼합 형태로서 공화 정체를 실현하고 있다는 것을 말해준다.

우리나라의 고조선부터 대한제국에 이르는 많은 국가들은 왕정을 유지한 왕국이었으므로 정치 권력, 즉 주권은 왕에게 있었다. 그러나 일본의 식민지 시기에 순종 황제가 주권을 포기하게 되었고, 이것은 겉으로는 일본에게 주권을 빼앗긴 것이지만, 중국의 만주와 상하이 등에 설립된 임시정부들이 국민 주권의 원리를 채택한 민주공화국의 창설을 주장할 수 있게 한 계기가 되었다. 그리고 일본으로부터 해방될 때, 남한과 북한에서 각각 민주공화국을 세울 것을 선택하는 것으로 열매를 맺었다. 북한은 조선민주주의인민공화국을 세웠으나 정치 권력이 김씨 일가에 집중됨으로써 왕정 또는 군주정처럼 운영되고 있다. 남한은 대한민국이라는 민주공화국을 세웠고, 정치 권력의 독점과 많은 사건들을 겪기도 했지만 1987년 민주화 이후 민주주의 이념과 공화정을 실현하고 있다.

국가가 하는 일

왕국 또는 군주국, 이것이 확장된 제국의 시대에서 살던 사람들은 국가를 왕이나 황제의 소유물로 생각했기 때문에, 국가의 목적이 왕이나 황제(황족)의 주권과 재산을 지키는 데 있다는 생각을 당연하게 받아들였다.

서양에서는 신성 로마 제국의 지배력이 약해짐에 따라 유럽 각 지역의 국가들이 독립하고 경쟁하기 시작하면서 국가의 목적에 관한 생각이 변하기 시작하였다. 십자군 전쟁을 시작으로 발달하기 시작한 도시들은 자치권을 획득하면서 여러 도시들이 연방을 형성해 공화국을 이루기도 하였다. 네덜란드·스위스와 같은 나라가 대표적이었으며, 공화국의 시민들은 국가의 목적이 국민의 생명·자유와 재산을 안전하게 보호하는 데 있다고 생각하기 시작하였다. 루터와 칼뱅의 종교 개혁과 홉스·로크·루소와 같은 사회계약 사상가들이 그런 생각을 이론적으로 뒷받침해주었다.

한편, 영국과 프랑스 같은 왕국에서도 변화의 조짐이 생겨났다. 이들 국가에서 왕의 권력이 절대 왕권으로 치닫는 동안, 다른 한편에서는 국민이 자신의 생명·자유와 재산을 추구하는 경제 활동에 국가의 간섭이나 방해를 거부하려는 움직임이 일어나, '국가로부터의 자유'라는 말이 나올 정도로 개인의 경제적 자유를 보장해줄 것을 국가에 요구하기도 했다. 이른바 중상주의라고 불리는 이런 움직임과 요구가 자유 시장(교역)에서 멈추지 않고 시민(평민 또는 부르주아)의 정치적 권리를 인정해달라는 요구로 확대되면서, 오늘날 자본주의와 민주주의라고 불리는 경제와 정치 체제의 변화를 추동하는 힘이 되었다. 미국의 독립과 프랑스 혁명은 그런 움직임과 요구가 구체제(봉건제와 군주정)의 탄압 속에서 얻어낸

성과였으며, 세계로 뻗어나가 지구적인 '민주화의 물결'을 만들어냈다.

그러나 20세기 초, 경제 공황과 세계 대전을 겪으면서 국민 각자의 자유에 맡기는 것만으로는 국민 전체의 생명·자유와 재산을 지킬 수 없는 상황을 경험하자, 국가의 목적이 국민의 생명·자유와 재산을 단순히 보호하는 것뿐만 아니라 적극적으로 증대하는 것을 포함해야 한다고 생각하게 되었다. 이런 생각은 오늘날 거의 모든 국가가 복지 국가를 표방하는 토대가 되었다. 최초의 복지 국가 헌법으로 알려진 독일의 바이마르 헌법은 빈곤한 사람들이 많아져서 자본주의(자유 시장) 체제가 무너지는 것을 막기 위해 고안된 것이었지만, 국가가 빈곤한 사람들의 삶에 책임이 있다는 것을 분명히 하고 또 실제로 국민의 삶의 질을 높이는 데 기여한 것이 사실이다.

오늘날 대부분의 국가는 헌법에 명시했든 아니든 민주주의와 공화국을 지향하고 있으며, 시민이 주권을 실현할 수 있도록 생명·자유·재산을 보호하고 적극적으로 증대할 것을 도모하는 복지 국가의 이념도 채택하고 있다. 우리나라의 헌법은 국민주권주의, 자유민주주의, 복지 국가, 국제 평화, 평화 통일 그리고 국민의 생명·자유와 재산을 보장하기 위해 기본권을 규정하고, 이것의 보호와 증진을 국가의 목적이

자 의무로서 명시하고 있다. 만약 국가가 이런 목적과 의무를 방기함으로써 국민 주권을 보장하지 않거나 주권을 찬탈하는 등 국민 전체의 생명·자유와 재산을 위협할 때는 국가의 존립 목적이 와해되므로, 소련(소비에트 사회주의공화국연방)이 러시아 연방공화국으로 바뀐 것처럼 국민이 정체를 바꾸거나 아예 새로운 국가를 만들 수 있는 정당성을 획득하게 된다.

헌법에 명시된 목적과 의무를 수행하기 위해 국가는 대체로 법을 만드는 입법부, 법을 판단하는 사법부, 법을 집행하는 행정부의 3부 조직을 가진다. 입법부와 행정부가 결합하거나 분리된 정부도 있고, 감찰부(감사원)·선거부(선거관리위원회)를 두어 5부의 조직으로 편성하는 국가도 있다.

가장 중요한 것은 입법부이다. 국민 주권의 결집체이자 정치 권력을 부여하는 법을 제정하는 곳이기 때문이다. 또한 시대가 바뀌고 사람이 바뀌면 과거의 법이 현재의 질서를 유지하는 힘을 잃을 수 있어서, 법을 개정하거나 새로운 법을 만들어야 할 필요가 있기 때문이다. 시대와 사람의 변화가 국민의 선호하는 이익의 변화와 요구를 포함하는 것은 당연하며, 입법부가 이를 반영해서 법을 만들거나 개정해야 하는 것도 당연하다. 법의 제정과 집행은 주권의 행사이므로, 법 제정과 집행에는 국민의 의견이 담겨야 한다. 그래서 입법부를 구성하는 국회의원은 국민의 의견이 법에 담길 수 있도록 활동해야 한다. 이것이 국가를 '공공의 것'으로 유지하고 국민의 생명·자유·재산을 보호하는 핵심적인 활동이다.

사법부는 입법부가 결정한 법을 변화된 현실에 맞게 풀이하여 판결을 내림으로써 국가와 사회의 질서를 유지하는 일을 한다.

행정부는 입법부가 만들고 사법부가 판단한 법을 변화된 현실에 맞게 집행해야 하며, 이 과정에서 어느 정도 재량을 발휘할 수 있다. 과거와 비교할 때 오늘날의 행정부는 할 일도 많고 하는 일도 많아서 국가의 중심인 것처럼 여겨지기도 하고, 그래서 그만큼 많은 재량이 주어져야 한다는 주장이 제기되기도 한다. 그러나 오늘날의 국가가 공화국인 만큼 국가를 대표하는 것은 주권을 생성하는 입법부여야 하므로, 행정부의 재량은 법을 넘지 않고 법이 규정한 범위 안에서 행사되어야 한다.

제3장 약속의 두 얼굴

　사회계약론은 사회·계약·논(論)으로 구성된 합성어이므로, 사회계약론을 잘 이해하기 위해서는 먼저 이 세 가지 개념을 이해하고 있어야 한다. '사회'(제II장)와 '논(생각 또는 의견)'(제1장)에 관해서는 이미 설명했으니, 계약을 이해하는 것만 남는다. 이 장에서는 계약의 본질, 계약하는 이유, 계약으로부터 얻게 되는 권리와 의무가 무엇인지를 우리 주변에서 경험할 수 있는 사례를 예로 들며 설명한다. 그리고 계약이 행동의 규칙이 되고 도덕과 사회의 질서로 나아가는 과정을 다룸으로써, 일상 생활에서 약속을 하고 약속을 지키는 행동이 사회와 국가의 질서를 유지하는 데 얼마나 중요한지를 깨닫도록 돕는다.

약속이란 무엇인가

사람이 사회를 만들거나 사회에 가입하는 것은 자발적인 약속을 통해서다. 남녀가 결혼해서 가족을 이루는 것은 그렇게 할 것을 약속했기 때문이고, 협회나 학교 동아리 등에 가입하는 것도 그 목적을 공유하고 목적에 맞는 활동을 할 것을 약속해서다. 결혼 약속을 관공서에 서류로 작성해서 신고하면, 국가는 그 약속을 공식적으로 확인해서 법으로 보호한다. 협회나 학교 동아리도, 관계 기관과 학교가 관련 법·정책과 제도를 갖추고 있을 때, 협회의 경우 법인 등록을, 동아리의 경우 학교 승인을 신청해서 받아들여지면 기관과 학교로부터 보호와 지원을 받을 수 있다.

국가 안의 수많은 크고 작은 사회 중에는 국가의 법에 따라 등록하고 보호를 받는 사회가 있고 그렇지 않은 사회도 있다. 어떤 사회는 국가 정책에 따라, 또 어떤 사회는 사회 자체의 목적에 따라 신고나 등록을 할 것인지 하지 않을 것인지를 결정하기도 한다. 국가에 신고나 등록할 경우 보호와 지원을 받기도 하지만, 동시에 일정한 의무를 준수해야 하고 관리와 감독을 받아야 한다. 어떤 사회는 관리와 감독을 받는 것의 번거로움을 피하려고 신고나 등록을 하지 않기도 하나 그렇다고 해서 사회가 아닌 것은 아니며, 의무로부터 자유로운 것도 아니다. 목적과 활동을 함께 하겠다는 구성원과 그들의 약속이 있다면, 또 실제로 그런 약속에 따른 활동이 유지되면 신고나 등록과는 상관없이 사회라고 할 수 있으며, 외부의 관리와 감독을 받지 않더라도 사회는 적어도 소속 구성원에 대해 그 약속을 지켜야 할 의무가 있다.

약속은 서로의 의지를 확인하고 그 의지대로 행동하겠다는 것을 명시적으로 밝히는 행위다. 가령 오후 두 시에 영화관에서 만나서 함께 영화를 보기로 약속했다면, 두 시에 영화관에 와서 함께 영화를 보겠다는 의지를 밝히고 서로 확인한 것이다. 의지는 선택(찬성, 추구)하거나 거부(반대, 회피)하는 마음으로서, 선택이냐 거부냐의 결정이 각자에게 맡겨져 있기에 자유 의지라고 불린다. 그래서 약속은 '오후 두 시에 만나 영화를 함께 본다'는 내용과 그렇게 할 것을 선택한 자유 의지를 밝혀 공유하는 것이며, 약속의 내용과 선택은 약속 당사자 모두의 자유 의지가 반영된 결과다. 그러나 일단 약속이 이루어지면, 약속 당사자 각각은 자신이 선택한 내용대로 해야 할 의무를 지게 된다.

약속 외에도 혼약·가약, 언약, 약정·기약, 서약·맹세, 계약·규약·협약·협정 등 다양한 용어가 있다. 이런 용어들은 자유 의지가 선택한 내용에 따라, 또 내용과 자유 의지를 밝히고 확인하는 방법이나 효력에 따라 달리 사용된다. 결혼 약속은 혼약이나 가약이라고 부르고, 언약은 기독교에서 신과의 약속을 가리키거나 글자 그대로 말로 한 약속을 가리키기도 한다. 약정은 어떤 내용을 선택하는 것을 강조한 것이고 기약은 날짜를 선택한 것을 가리키며, 서약·맹세 등은 약속을 반드시 지키겠다는 자유의지의 강도를 강조할 때 사용한다. 여러 사람이나 단체가 모여 내용을 협의한 행위를 강조하거나 협의한 내용 자체를 강조하고자 할 때 계약·규약·협약·협정 등의 용어를 사용한다. 그러나 이 모든 용어는 각자의 자유 의지에 기초해서 어떤 내용을 선택하고 그것을 행할 권리와 의무를 결정하는 행위를 공유하고 있다.

약속의 내용과 행위에 담긴 자유 의지는 그 약속이 자신에게 즐거움·좋음·행복을 주는지에 대한 각자의 가치 판단에 근거한 것이다. 선택과 거부의 결정이 각자에게 맡겨져 있다는 것은 이런 가치 판단이 사람마다 다르다는 것을 가리킨다. 그래서 약속이 이루어지면 그것은 약속 당사자들의 가치 판단이 공유되었다는 것을 의미하고, 그런 가치 판단의 공유는 약속의 이행이 당사자들에게 가져올 즐거움·좋음·행복 등의 이익을 공동의 이익(common interest)으로 만든다. 그래서 만약 약속한 후에 약속의 내용을 변경하기를 원하거나, 변경되지 않았는데도 지키려고 하지 않는 사람이 있다면, 그것은 그 사람의 가치 판단이 바뀌었거나 자신이 더 크다고 생각하는 다른 이익—개별 이익 또는 사적 이익—을 선택했다는 것을 뜻하며, 그럼으로써 자신의 사적 이익과 자유 의지를 더 실현하겠다는 것을 뜻한다.

약속을 자주 바꾸거나 지키지 않는 것을 두고 '변덕을 부린다' '제멋대로 한다'고 한다. 이 말은 그가 가치 판단과 이익을 결정하지 못하거나, 자신의 이익과 자유를 항상 우선하거나, 그래서 그 사람이 약속한 대로 할 것을 기대할 수 없으므로 신뢰할 수 없다는 뜻을 담고 있다. 가치 판단과 이익을 결정하지 못한다는 것은 자아 정체성이 형성되지 않았거나 약하다는 뜻이고, 자신의 이익과 자유를 항상 우선한다는 것은 다른 사람의 그것들을 무시한다는 뜻이며, 약속대로 할 것을 기대할 수 없다는 것은 그와 관계를 맺거나 교제하는 것이 어렵다는 뜻을 함축한다.

이처럼 약속을 하고 지키는 것은 약속을 하는 당사자들의 자아 정체성, 자유 의지, 신뢰성을 드러내고 시험하는 것이기 때문에, 약속을 할 때는 성급하게 하기보다 신중하게 해야 한다. 약속의 내용이 자신이 진정으로 원하는 것인지, 바꾸지 않고 지킬 수 있는지 여러 번 반복해서 생각한 후에 결정해야 한다는 것이다. 이때 약속의 내용이 얼마나 중요하고 자신이 얼마나 원하는 것인가보다, 아무리 사소한 내용이라도 일단 약속하고 나면 바꾸지 않고 지키는 것, 그래서 신뢰성을 인정받는 것이 훨씬 더 중요하다. 친구와 만나기로 한 것이나 동아리 활동처럼 의무를 다하지 않았을 때 예상되는 제재(처벌)가 가벼운 약속도 결코 가볍게 생각해서는 안 된다. 약속 내용이 무엇이건, 그것을 지키는 것은 다른 사람과의 관계를 좋게 만드는 것은 물론이거니와, 자신과의 약속을, 자신의 자유 의지를 지키는 것으로서 자신의 주권을 실현하고 지키는 것과 같기 때문이다.

약속으로 얻는 것과 잃는 것

가치 판단과 이익에 따라 자유 의지를 결정하고 다른 사람과 약속을 하면, 그 약속으로부터 얻는 것과 잃는 것이 생겨난다. 가령 갑·을 두 사람이 휴일에 낚시하러 가기로 약속했을 때, 둘 또는 한 사람은 낚시하는 것이 목적일 수 있고, 낚시보다는 친구와 사귀는 것이 목적일 수도 있으며, 집이나 일상에서 벗어나는 것이 목적일 수도 있다. 각자의 목적은 다양할 수 있지만, 어떤 목적에서건 낚시하러 가는 것이 자신에게 즐거움·좋음·행복 등의 이익이라는 판단에서 선택하고, 그렇게 할 자유 의지를 서로 확인해서 공유한 것이다.

그런 약속으로 갑과 을은 휴일에 낚시하러 갈 것을 서로에게 요구(claim)할 힘을 얻고, 동시에 그런 요구하는 힘에 따라야 할 의무를 얻게 된다. 약속을 통해 생긴 요구할 수 있는 힘(능력)이 '권리'이고, 그 힘에 따를 것을 요구받는 것이 '의무(duty)' 또는 '책무(obligation)'이다. 약속을 일종의 법으로 보는 법학자들이 사람의 권리와 의무가 모두 법에서 나온다고 주장하는 것은 이런 까닭에서다.

권리와 의무는 약속이라는 행위에서 나오는 것이므로, 자연적이 아니라 인위적인 것이다. 갑과 을이 각각 혼자서 낚시하러 갈 수도 있는데, 이때 낚시하러 갈 힘은 각자의 육체 및 정신의 능력에서 나오므로 갑과 을 각자가 언제나 가지고 있는 자연의 것이지만, 함께 낚시 갈 것을 약속함으로써 생겨나는 권리와 의무는 약속하지 않았으면 생겨나지 않았을 것이기에 갑과 을이 만들어낸, 사회적이고 인위적이며 한시적인 권리와 의무다. 갑과 을이 약속을 함으로써 잃는 것은 휴일에 다른 사람을 만나거나 다른 일을 할 것을 선택할 자유 의지와 그로부터 기대하는 이익이다. 함께 낚시하러 가겠다고 한 약속을 이행하고 나면 다른 것을 선택할 자유 의지와 기대 이익을 회복하므로, 그런 약속에서 생긴 권리와 의무는 한시적이다.

　사회에 가입할 때도 구성원의 권리와 의무를 얻고, 다른 사회나 다른 것을 선택할 자유 의지와 기대 이익을 잃게 된다. 예를 들어, 병이 19명으로 이루어진 봉사 동아리에 신입 회원으로 가입한다고 하자. 병이 '가입'을 한 것은 그 동아리의 봉사 활동을 함께 하겠다는 자유 의지를 19명의 구성원에게 밝힌 것이다. 가입이 승인되면 병은 19명의 구성원에게 자신과 함께 봉사 활동을 할 것을 요구할 수 있는 권리를 얻고, 구성원 19명의 요구를 따라 봉사 활동을 할 의무를 얻는다. 그러나 병은 봉사 활동 외 시간이나 봉사 활동을 한 후 다음번 봉사 활동까지 여전히 다른 것을 선택할 자유 의지를 가진다. 사회에서 탈퇴하면 권리와 의무에서 벗어나 더 온전한 자유 의지를 회복한다.

　자유 의지는 크기·정도·양 등으로 계량할 수 있는 성질의 것이 아니다. 또 약속함으로써 자유 의지를 잃게 된다고 했지만, 실제로 잃는 것은 아니다. 약속하고 지키는 것도 자유 의지의 실현이며, 다른 것을 선택할 자유 의지를 한시적으로 미뤄두는 것일 뿐이다. 사람뿐만 아니라 다른 생명체도 여러 가지 행동을 동시에 할 수 없고, 특정 시간에는 오직 하나의 행동만이 가능하다. 행동은 자유 의지가 선택한 대로 움직이는 것이므로, 약속은 일정 시간에 자신이 선택할 수 있는 여러 가지 행동 중 하나를 하기로 선택한 것이다. 그래서 그 시간에 선택한 행동 외의 다른 행동들을 미뤄둔 것이 아니라 실제로도 잃어버린 것으로 생각할 수도 있다. 그러나 자유 의지는 선택이나 거부의 행동이나 결과가 아니라, 어느 하나를 정할 수 있는 가능성을 가리키므로, 한번 정하고 약속했다고 해서 그런 가능성이 없어지는 것은 아니다. 약속했더라도 약속의 내용을 바꾸거나 취소해서 다른 것을 선택할 수 있는 것은, 또 비난을 받더라도 그럴 수 있는 것은, 자유 의지가 없어지지 않기 때문이다.

다만, 약속을 바꾸거나 취소할 때는 그것으로 인해 생겨나는 대가를 치러야 한다. 그런 대가는 약속으로 인해 다른 사람에게 생겨난 권리와 자신에게 생겨난 의무를 바꾸거나 없애는 것에 대한 배상이다. 약속으로 얻은 권리는 약속의 내용대로 행동할 것과 그 행동의 결과가 가져올 기대 이익을 포함한다. 만약 갑이 약속을 취소했다면, 그것은 을이 함께 낚시함으로써 얻기를 기대한 즐거움·건강 등의 이익을 얻지 못하게 한 것이므로, 을의 기대 이익에 맞는 배상을 해야 한다. 또 을은 갑과의 약속을 지키기 위해 다른 것을 선택할 것을 포기했을 것이므로, 그에 맞는 배상도 고려해야 한다. 그러나 기대 이익이 무엇일지를 정하는 것은 어려운 일이므로, 배상의 내용은 두 사람이 대화를 통해 결정해야 할 사안이다. 또 병이 동아리 봉사 활동에 정당한 이유 없이 불참했다면, 19명의 다른 회원들이 병과 함께 봉사 활동을 함으로써 얻을 수 있는 건강·즐거움·보람 등의 기대이익을 얻지 못하게 했기 때문에, 역시 이들의 기대 이익에 맞게 배상해야 한다. 봉사 동아리가 봉사 활동 불참에 관한 규칙을 가지고 있다면, 병은 그 규칙이 정한 대로 무단 불참에 따른 대가(보상)를 치러야 한다. 그러나 동아리 봉사 활동 같은 약속을 어길 때 치러야 하는 대가는 보통 도덕적인 것이다. 즉, 자신에 대한 다른 구성원 19명의 신뢰·감정·판단 등이 상하지 않도록 동아리의 관행을 따라 적절한 행동을 할 것이 불참의 대가가 된다는 뜻이다.

배상의 내용을 결정하고 보상을 하는 번거로움 때문에라도, 약속을 하거나 취소할 때는 약속대로 했을 때의 기대 이익과, 바꾸거나 취소했을 때 치러야 할 대가 중 어느 것이 더 좋고 더 큰가를 미리 생각해야 한다. 그러나 사람들은 일단 약속하면 약속을 지킴으로써 얻는 신뢰가 더 좋고 더 큰 이익이라고 생각하기 때문에, 그보다 훨씬 큰 이익을 기대할 수 있는 것이 아닌 한 약속을 지키는 것이 보통이다. 이런 이유에서 사람들은 약속하기 전에 같은 약속을 했던 경험이 있는 주위의 동료나 친구 또는 전문가에게 물어보기도 한다. 학생이라면 많은 삶의 경험을 가진 부모나 선생님께 물어보는 것이 좋다. 그러나 누구에게 물어보건 일단 약속을 하면 그것은 자신의 자유 의지에 따른 것이므로, 약속으로 얻는 권리와 의무, 잃는 자유 의지와 기대 이익을 감당하는 것은 자신의 몫이다. 자신의 행동은 자신이 결정하는 것이다.

약속은 행동의 규칙이 된다

사람은 자신의 생명을 건강하게 유지하는 데 알맞은 것이 무엇일까를 생각해서 결정하고, 그런 결정에 따라 행동하는 습관을 지니고 있다. 생각하고(가치 판단) 결정하는(자유 의지) 행동은 순식간에 일어나므로, 때로는 생각 없이 행동하는 것처럼 보일 수도 있다. 그러나 모든 행동은 이렇게 판단하고 결정하는 과정을 거친 후에 일어나고, 이런 과정과 행동이 반복됨으로써 습관이 된다. 습관은 미래의 같은 과정과 행동을 현재에 미리 결정해 놓은 것과 같다. 습관은 정신의 습관(과정)과 육체의 습관(행동)으로 구분할 수 있다. 이것이 습관을 행동 규칙의 하나로 간주하는 이유이며, 삶을 습관의 연속으로 생각하게 하는 이유가 된다.

약속도 행동할 것을 결정하는 것이므로, 약속하는 사람의 습관과 관계 있다. 사람은 자신의 습관대로 행동하는 것이 당연하나, 습관이 사람마다 달라서 같은 장소를 사용하거나 함께 일하는 등 다른 사람과 관계할 때 갈등과 싸움의 원인이 되기도 한다. 그래서 사람들은 공공 장소나 작업에 관해 행동 규칙을 정하고 그것을 따르자고 약속하는 것이다. 예를 들어, 집에서 문을 열어놓고 드나드는 습관을 지닌 사람은 학교 교실이나 직장에서도 문을 닫지 않고 다닐 수 있다. 이런 행동은 문을 닫아두는 습관을 지닌 사람에게 불편과 불쾌감을 줄 수 있다. 또 청소하는 습관이 있는 사람은 그렇지 않은 사람으로 인해 불편과 불쾌감을 가질 수 있다.

　문을 열어두거나 닫는 습관 모두 각기 장단점을 가지고 있어, 그 자체로 어느 것이 더 좋고 더 나쁘다고 말할 수는 없다. 문을 열어두는 습관은 들어오고 나갈 때의 편리함이 있으나, 더위·추위·소음 등의 불편을 줄 수 있다. 문을 닫아두는 습관은 그 반대가 될 것이다. 사람의 이동이 잦은 일터에서는 편리함이 더 좋고 더 큰 이익일 수 있고, 학교 교실에서는 조용함과 평안함이 더 좋고 더 큰 이익일 수 있다. 그러나 같은 조건에서도 어떤 사람은 편리함을 우선하고, 어떤 사람은 조용함과 평안함을 우선한다. 그래서 만약 교실 문을 닫고 다니자는 학급 규칙이 있다면, 이 규칙은 교실을 조용하고 평안하게 하는 것이 건강과 학습에 좋고 이익이 된다는 생각을 나르고, 또 그렇게 생각하는 사람이 더 많다는 것을 말해준다.

또한 청소하는 습관은 정리 정돈으로 인한 편리함과 깨끗한 공간으로 인한 쾌적함이 있으나, 청소할 때의 번거로움과 소란의 불편과 나쁨을 줄 수 있다. 편리함과 쾌적함을 우선하는 사람은 청소하기를 좋아하겠지만, 번거로움과 소란을 꺼리고 조용함과 평안함을 우선하는 사람은 잦은 청소를 싫어할 것이다. 모두 건강에 도움을 주지만, 대개는 쾌적함과 편리함이 건강뿐만 아니라 일을 하는 것에도 유용하므로 청소하는 습관이 더 좋다고 할 것이다. 그러나 번거로움과 소란을 최소화하면 휴식이 늘어 건강에 도움이 되므로, 청소를 하더라도 짧은 시간에 마치려고 하는 것이 일반적이다. 또 여러 명이 함께 청소할 때 바닥을 닦고 먼지를 털면 바닥에 먼지가 쌓여 바닥을 다시 닦아야 하는 번거로움이 생기고, 물건을 정리 정돈하고 나서 바닥을 닦거나 먼지를 털면 또 다시 물건을 정리 정돈해야 하므로, 청소 시간과 함께 순서를 규칙으로 정해놓기도 한다. 이런 규칙도 그렇게 생각하는 사람이 더 많다는 것을 반영한 것이다.

행동 규칙은 더 좋고 더 많은 사람이 공유할 수 있는 것으로 구성하는 것이 일반적이다. 모든 습관은 각자의 가치 판단과 기대 이익을 반영한 것이므로, 자신의 습관이 행동 규칙과 일치하는 사람은 불편함 없이 평소대로 행동하면 될 것이나, 일치하지 않는 사람은 행동 규칙을 어기는 일이 잦고 지키려고 할 때 신경을 써야 하는 불편함을 느낄 수 있다. 그래서 행동 규칙을 정할 때 사람들은 자신의 습관이 최대한 반영되기를 원하기 마련이고, 행동 규칙이 가져올 이익을 두고 논쟁을 벌이기도 한다. 그런 논쟁은 행동 규칙의 목적과 대상에 따라 우선해야 할 가치가 무엇인가에 관한 판단을 겨루는 것이고, 우선해야 할 가치는 장소·시대·인적 구성에 따라서도 달라질 수 있으므로, 가능한 한 다양한 사안들을 고려해서 우선할 가치의 순서를 정하는 것이 바람직할 것이다. 다수결처럼 많은 사람의 동의를 확보할 수 있는 절차가 마련되어 있어야 할 것은 물론이다.

행동 규칙이 일단 정해지면 그 규칙에 따라 행동해야 한다. 행동 규칙을 정한 것 자체가 거기에 참여한 사람들의 약속이기 때문이며, 그 약속이 참여한 사람들에게 행동 규칙을 지킬 것을 요구할 권리와 지킬 의무를 부여하기 때문이다. 그래서 행동 규칙과 약속은 참여한 사람들의 습관을 규율하고, 나아가 점차 그들의 예절·관행·관습의 도덕이 서로 공유되도록 규율하게 된다. 그러나 행동 규칙은 목적과 대상, 장소와 시대, 그리고 인적 구성 등에 따라 다르게 결정되므로, 어떤 사회의 구성원들이 공유하는 행동 규칙은 다른 사회의 구성원들의 행동 규칙과 다를 수 있다. 그래서 개인의 습관, 특정한 사회의 행동 규칙과 도덕이 모여 사회 전체의 도덕 질서를 형성하면서도 그 과정에서 서로 다른 도덕을 가진 사람과 사회 사이에 크고 작은 갈등과 싸움이 생겨나는 것이 불가피하다. 또한, 행동 규칙의 가변성은 도덕의 가변성으로 이어지므로, 도덕 질서도 지역과 시대, 사회와 사람마다 다르게 평가할 수 있다. 이것이 도덕 질서가 구성원을 규율하는 '구속성'과, 구성원이 도덕을 새롭게 바꿔서 구속에서 벗어나려는 '탈구속성'을 동시에 갖게 하는 원인이 된다.

내가 하지 않은 약속도 지켜야 할까

모든 사회는 도덕 질서를 가지고 있다. 사회 구성원의 행동은 그런 도덕 질서를 만들고, 따르며, 또 변화시킨다. 모든 사람은 사회 속에서 태어나며, 태어난 사회의 도덕 질서를 따를 것이 요구된다. 두 사람이 결혼해 가족을 이루면, 두 사람이 결혼 전에 각각 따르던 도덕의 차이가 갈등과 싸움을 만들어낼 수 있다. 그러나 두 사람이 대화를 통해 각자의 서로 다른 도덕으로부터 공통의 도덕을 끌어내서 공유해감으로써 갈등과 싸움을 줄일 수 있다. 결혼한 부부는 이런 과정을 되풀이하며 서로 공유할 수 있는 새로운 도덕 질서를 만들어나간다.

아이들이 태어나면 일상생활의 행동들이 달라지므로, 이전에 공유해온 도덕 질서가 변하게 된다. 아이들은 부모의 도덕을 모방해서 습관을 형성하기 때문에, 부부는 가족 모두에게 좋고 이익이 되는 도덕 질서를 세우는 것이 바람직하다. 부부의 도덕이 다르면 아이들은 어떻게 행동할지를 쉽게 결정하지 못해서 혼란을 겪게 되고, 그런 혼란이 크면 부모보다 친구나 다른 사람의 행동을 따를 것이기 때문에 다양한 습관을 지니게 된다. 얼굴이나 체격은 부모를 닮았어도, 다양해진 습관만큼 습관이 담고 있는 가치 판단(이익), 자유 의지도 다양해지므로 부모의 가치 판단(이익)과 자유 의지를 넘어서게 된다.

아이들이 처음에 부모의 습관에 따라 행동할 때는 그런 습관이 어떤 가치 판단(이익)과 자유 의지에 근거한 것인지를 모르고 따른다. 그러다 사춘기가 되면, 부모의 도덕과 도덕 질서가 가진 가치 판단(이익)과 자유 의지를 거부하기도 해서, 부모가 결혼한 후 갈등했던 것처럼 부모와 자녀가 갈등하고 다투기도 한다. 자녀들이 더 성장하고 더 많은 교육을 받아서 정신 능력이 발달하게 되면, 부모의 도덕과 도덕 질서뿐만 아니라 사회의 도덕과 도덕 질서에 담긴 가치 판단(이익)과 자유 의지를 이해하게 됨으로써, 계속해서 따를지 아닐지를 결정하게 된다. 이런 과정을 '가치관을 형성한다' '가치관이 변한다'고 한다.

특히 성년이 되어 대학에 진학하거나 사회에 진출할 때, 부모의 가치관과 사회의 가치관이 다르면 가치관의 혼란은 더 심해진다. 그런 혼란은 부모와 부모의 세대가 만든 사회와 자신과 자기 세대의 환경·욕망·능력 등이 다르고, 부모의 도덕과 다른 사람들의 도덕이 다른 데서 비롯된 것이다. 그래서 정도는 달라도 누구나 가치관의 혼란을 겪게 된다고 할 수 있다. 성년 초기의 사람은 이런 혼란을 겪으면서 자신의 가치관을 형성한다. 이때 자신이 형성한 가치관이 부모와 사회의 가치관과 다르면 부모와 사회의 도덕과 도덕 질서에 따를 것을 거부하게 된다.

만약 자아 정체성을 올바르게 형성하고, 자신이 필요한 것을 알며, 그것을 얻는 법도 알고 있다면, 그리고 많은 가치에 관해 판단하고 적절한 기준에 따라 이익을 평가할 줄 안다면, 자신이 형성한 가치관과 도덕에 따라 행동함으로써 사회의 도덕과 도덕 질서를 개선하는 데 도움이 될 수 있다. 그러나 이 모든 것이 각각 사람마다 달라서, 자신이 속한 세대는 물론 소년·청년·중장년·노년 등 다양한 세대로 구성된 사회 전체의 가치관과 도덕은 세대 간의 차이보다 더 크게 다를 수 있다. 이처럼 사회의 도덕 질서 안에서는 다양한 가치관과 도덕들이 경쟁하며 생성과 소멸을 거듭한다.

사회 전체를 규율하기 위해서는 도덕 질서가 모든 사회와 구성원이 수용할 수 있고 공유할 수 있는 것이라야 한다. 그러나 도덕의 구속성은 구성원들의 자유 의지에 따른 동의와 약속에 근거하므로 강제력이 약하다. 도덕의 가변성과 다양성은 그런 강제력을 더욱 약하게 한다. 그래서 사람들이나 세대 간에 가치관과 도덕 차이로 발생하는 갈등과 싸움은 해결하기가 쉽지 않고, 해결될 때까지 많은 시간이 요구되기도 한다. 사회 전체가 수용할 수 있고 공유할 수 있는 가치관과 도덕을 법으로 만들고 모두가 그 법에 따를 것을 약속해야 갈등과 싸움을 해결하고 줄일 가능성이 커진다. 도덕은 가변적이고, 사회와 사람마다 다르게 선택하고 다르게 적용될 수 있는 개별성을 지니지만, 법은 구속성과 강제력이 강하고, 모든 사회와 사람에게 똑같이 강제적으로 적용되는 일반성을 지니기 때문이다.

도덕과 마찬가지로 법도 시대와 장소, 환경과 사람이 달라지는 데에 따라 변하기 마련이나, 일정한 요건과 절차를 마련함으로써 도덕보다 훨씬 높은 안정성을 지니고 있다. 그래서 법과 도덕 사이에 때로는 커다란 차이가 있을 수 있다. 젊은 사람들에게는 낡은 법이 노년층에게는 여전히 좋고 옳은 법일 수 있다. 또 젊은 사람들은 그런 도덕과 법을 정하는 데 참여하지 않았기에, 즉 자유 의지에 따라 그것을 따르겠다고 약속한 적도 없기에, 기성 세대가 확립해 놓은 도덕과 법에 따른 권리와 의무를 지닌다는 생각을 의심할 수 있다. 그러나 부모의 가치관과 도덕을 모방한 것처럼, 기존의 도덕과 법을 따르는 것은 반드시 현재의 자신에게 더 좋고 더 많은 이익을 가져오지는 않더라도 적어도 해악을 가져오지는 않을 것이다. 도덕과 법을 따르지 않음으로써 질서를 불안하게 하는 것보다 따름으로써 안전하게 하는 것이 자신의 보전을 위해서도 필요할 것이기 때문이다. 그래서 도덕의 경우 대화와 동의로, 법의 경우 법이 마련한 절차를 따르는 방식으로 도덕과 법을 변화시킬 수 있는 길이 열려있으므로, 대화와 동의를 마칠 때까지, 절차를 모두 밟아서 바뀌게 되기 전까지는, 자신이 약속의 당사자가 아니었더라도, 기존의 도덕과 법을 따라야 할 필요가 있는 것이다.

이러한 도덕과 법의 관계에 관해 사상가들 사이에 다양한 견해가 있다. 어떤 이는 도덕이 법에 우선해야 한다고 말하고, 어떤 이는 법을 우선해야 한다고 말하며, 또 다른 이는 양자가 균형을 이루어야 한다고 말한다. 도덕을 우선해야 한다는 주장은 국가보다 개인을 우선함으로써 개인의 자유(의지)를 최대한 보장해야 한다는 주장, 심지어 무정부주의와도 연결될 수 있는 '극단적 자유주의' 또는 '자유지상주의'

(libertarianism)로 불리는 주장으로 나아가기도 한다. 이들의 주장에서는 자신이 했던 약속에도 구속받지 않는 자유를 추구하므로, 자신이 하지 않은 약속에 구속받지 않아야 할 것이 당연하다. 반면에 법을 우선해야 한다는 주장은 개인보다 국가를 우선함으로써, 개인의 자유보다는 국가 질서의 안정을 추구해야 한다는 주장, 심지어 실정법만을 법으로 인정하려는 법실증주의나 국가를 본위에 놓는 국가(이성)주의로 나아가기도 한다. 이들의 주장에서는 자유의 무절제함을 경계하므로, 도덕의 변화가 항상 좋은 것은 아니며, 법은 인간 이성에 의해 검증된 것이기에 그 자체로 존중되고 준수해야 할 가치가 있다고 강조한다. 그래서 자신이 하지 않은 약속이더라도 법의 이름으로 주어질 때 반드시 따라야 한다는 결론에 이르게 된다.

마지막으로, 도덕과 법이 균형을 이뤄야 한다는 주장은 개인의 자유와 국가의 질서 그리고 도덕의 변화와 법의 안정성 사이의 간극을 인정하면서도, 도덕을 최대한 법에 반영함으로써 양자의 균형 내지는 일치에 이르도록 해야 할 것을 강조한다. 이들의 주장은 앞의 주장들에 비해 개인이 자신의 이성을 올바르게 사용할 것이라는 믿음에 기초한다고 할 수 있으며, 정치를 도덕의 충돌이나 갈등을 해결할 수 있는 법을 만드는 활동으로 이해할 때, 정치를 통해서 도덕과 법이 연결되고, 또 그래야 개인과 개인이 서로 묶여 하나의 국가(시민 공동체)를 이룰 수 있다는 믿음에도 기초한다고 할 수 있다. 그래서 자신이 하지 않은 약속을 지키지 않으려면 다른 사람들을 설득해서 동의를 구하거나 기존의 약속을 대체할 새로운 약속을 맺는 활동(정치참여)을 해야 한다는 결론에 이르게 된다. 이런 점에서 정치참여는 개인이 개인 전체에 대해 약속하는 활동이자 '모두에 대한 모두의 약속'(a promise of all to all)을 확인 및 개선하려는 활동으로써, 개인의 자율성을 국가의 창설과 유지에 연결해주는 매개변수와 같다고 할 수 있다.

제4장 사회계약: 모두에 대한 모두의 약속

　　이제 사회계약에 대한 사상가들의 생각을 이해할 차례다.
　　이 장에서는 사회계약이 국가라는 커다란 사회를 만들기
위한 약속이라는 생각의 역사를 소개한다. 역사는 국가의 최
고 권력으로서, 주권이란 무엇이며 어떻게 생겨나는지에 대
한 사상가들의 대답을 중심으로 전개된다. 특히 17~18세기
사회계약론의 대표적인 사상가로 알려진 토마스 홉스, 존 로
크, 장 자크 루소의 사회계약론을, 자연 상태와 인간의 본성,
자연권과 자연법, 사회계약의 의미, 국가 형태와 정치 체제
의 구분, 그리고 사회계약과 정치 체제의 관계를 중심으로
정리하여 소개한다.

국가를 만들기 위한 약속

사람들이 국가를 만든 것은, 사회 질서를 유지함으로써 자신들의 생명·자유와 재산을 보호하기 위한 조직이 필요했기 때문이다. 최초의 사람이나 사회와 마찬가지로, 최초의 국가가 어떻게 생겨났는가에 관해서도 다양한 생각이 존재해왔다. 고대 그리스인들은 사람들이 삶에 필요한 것을 얻기 위해 일정한 지역에 모여 살게 됨으로써 생겨난 생활 공동체를 '폴리스'라고 부르고 그것을 국가라고 생각했다. 국가가 도시나 민족처럼 자연스럽게 생겨났다는 설명은 이 역사적 사실에 기초한다.

그러나 사회와 구별되는 국가의 특징들, 예를 들어 단일한 조직, 질서로서 법, 그리고 주권이 도시나 민족처럼 자연적으로 생겨났다고 보기는 어렵다. 특히 주권은 사회와 국가를 구별하는 핵심적인 요소다. 주권은 국가의 모든 사회와 사람들에 질서를 부여하고, 필요할 경우 경찰이나 군대 등의 무력을 사용해서 통제하는 강제력을 가리킨다. 사용하지 않으면 일어나지 않았을 일을 사용함으로써 일어나게 하는 힘을 권력이라고 할 때, 국가의 강제력은 국가 권력이라고도 부를 수 있다. 사회가 구성원에 대해 행사하는 힘이 구성원이 가입할 때 따를 것을 약속했기 때문에 생겨난 것처럼, 국가 권력도 국가의 모든 구성원이 따를 것을 약속했기 때문에 생겨난 것이라고 할 수 있다. 국민 전체에서 나온다는 점에서 국가 권력은 국가 안 그 어떤 사회의 힘보다 더 상위에 있고 더 강력하다. 고대 그리스와 로마, 중세와 근대 사람들이 최고 명령 또는 최고 통치(supreme + reign [ruling])라는 뜻으로 '주권(sovereignty)'이라는 말을 만든 것은 그래서다.

최초의 국가가 자연적으로 생겨났다고 생각하는 것은 주권도 자연적으로 생겨났다고 생각하는 것과 같다. 가족의 힘 중에서 아버지의 힘이 가장 강한 것과 같이, 국가를 커다란 가족이라고 생각하고 왕을 아버지로 생각해서 왕의 힘이 가장 강하다고 생각한 것이다. 이것이 이른바 '부권주의' 또는 '가부장제(patriarchy)' 국가라는 생각으로 이어진다.

국가가 왕의 소유라고 생각하는 것은 이런 가부장제 국가관에 기초하고 있다. 중세인들은 아버지가 어머니와 자식들을 지배하는 것이 신의 뜻이며, 그렇게 지배하는 힘을 주권과 같은 것으로 생각했다. 또 왕을 아담의 후손이라고 생각했기 때문에 백성과 백성의 재산에 대해 왕이 주권을 가지는 것 역시 신의 뜻이라고 생각했다. 이렇게 '왕의 권력은 신이 주신 것'이라는 생각을 '왕권신수설'이라고 부른다.

왕의 주권을 부권과 구별하더라도, 여전히 왕권을 자연적으로 생겨난 것으로 여길 수도 있다. 씨족 사회 간에 또는 부족 사회 간의 전쟁에서 승리한 부족의 장이 패배한 부족민과 그들의 재산에 대해 가지는 힘을 주권으로 설명하는 방식이다. 수사자가 성장해서 무리를 이끄는 기존 수사자와 싸워 그 자리를 차지하고 나서 자신을 따르지 않는 사자나 어린 사자들을 죽이거나 살릴 힘을 차지함으로써 무리의 사자들에게서 인정을 받게 되듯이, 전쟁에서 이겨 다른 부족민과 재산을 차지하게 되면 그 부족민의 생명과 재산을 마음대로 처리할 수 있는 생살여탈의 힘을 갖는 것이 자연스럽다고 생각한 것이다. 이것은 자연의 생태계가 각 개체가 지닌 힘의 우열에 근거한 질서로 형성된 것처럼, 가장 강력한 자가 왕이 되고 주권을 갖는 것이 정당하다는 주장으로 귀결된다.

그러나 근대 사람들은 주권이 자연적으로 생겨난다는 생각을 의심하기 시작했다. 가부장의 힘은 육체의 물리적인 힘뿐만 아니라 그가 어머니와 결혼해서 살겠다는 약속의 힘에서 비롯된 것이기도 하다. 반면에 백성에 대한 왕의 주권은 국가를 만들자는 약속의 결과라고 보기 어렵다. 최초로 국가가 생길 때는 혹시 약속이 있었을지 몰라도, 오랜 기간이 지나 새로운 사람들로 구성된 국가에서 왕의 주권은 세습으로 전해온 것일 뿐, 정당화할 근거가 약하다고 생각하게 된 것이다. 특히 왕의 주권 행사가 백성들의 생명·자유·재산을 보호하는 것이 아니라 해를 가할 때면 그런 생각이 더욱 힘을 얻었다. 그래서 근대인들은 왕이 아담의 후손이라는 명백한 증거가 없고 모든 사람은 저마다 하느님의 형상대로 창조된 자식이라는 이유를 더해, 하느님이 특정한 사람에게 주권을 주었다는 생각을 거부하기 시작한 것이다.

근대인은 주권이 약속을 통해 인위적으로 만들어졌다는 생각으로 나아갔다. 이런 생각은 십자군 전쟁을 계기로 발달해서, 왕으로부터 자치권을 획득한 도시들에서 강화되었다. 도시들은 연방을 통해 커다란 국가를 만들기도 했는데, 네덜란드·스위스 같은 공화국들이 대표적이다. 이 도시 국가들은 주로 상공업에 종사하는 시민 계급(부르주아지)에 의해 통치되었기에, 도시를 통치하는 권력이 어디에서 비롯되고 어떻게 행사되어야 하는지를 설명해야 할 필요가 있었다. 그래서 국가와 주권의 발생을 '정복자와 피정복자의 힘의 우열'이 아니라 '동등한 힘을 가진 사람들 사이의 약속'으로 설명하려는 시도를 하게 되었다. 사회계약론은 이렇게 시작되었다.

옛날에도 사회계약을 했을까

사회계약론의 대표적인 사상가로 토머스 홉스, 존 로크, 장 자크 루소를 들 수 있다. 홉스의 사회계약론은 『리바이어던』에, 로크의 사회계약론은 『시민정부론』에 나타나지만, 이들은 협약·협정·약정·언약 등의 용어를 더 많이 사용했고 '사회계약'은 거의 사용하지 않았다. 반면 루소의 사회계약론은 『사회계약론』에 담겨있는데, 『사회계약론』이 나오면서 사회계약이란 말이 표준말처럼 사용되기 시작해서 루소의 전유물처럼 여겨지기도 하나, 사실 루소의 사회계약론은 홉스와 로크에게서 많은 영향을 받은 것이다.

약속이 사회와 국가를 만드는 원리라고 생각한 것은 근대인만이 아닐 것이다. 고대 그리스인이나 로마인들도 약속이 사회와 국가의 원리가 된다고 생각했을 수 있다. 고대 그리스나 이탈리아 지역 곳곳에 여러 개의 씨족과 부족들이 살고 있었는데, 이들은 서로 싸워 다른 씨족이나 부족을 정복하기도 했으나, 족장(왕)들 사이에 결혼이나 화해·연합 등의 약속을 통해 하나의 부족으로 합쳐지기도 했기 때문이다. 평화를 가리키는 영어 'peace'가 약속을 뜻하는 라틴어 'pax'에서 나온 것은 이런 이유에서일 것이다.

고대의 아테네와 로마도 씨족·부족 간의 결합으로 세워진 도시 국가였다. 도시 국가가 번성하면서 아테네와 로마는 법을 만들어 도시민들을 통치하였다. 로마인들은 그런 약속을 시민법이라고 불렀다. 로마 공화국의 시민법은 원로원과 평민회(comitia tributa, 부족 민회)에서 관행이나 관습을 반영해서 제정하고 개정 또는 폐지하는 방식으로 유지되었다. 로마 제국에서는 로마 시민과 다른 국가의 시민 간의 관계를 규율하는 만민법이 발달하였다. 시민법을 만들고 따름으로써 로마 공화국이 유지될 수 있었고, 만민법을 만들고 따름으로써 로마 제국이 유지될 수 있었기 때문에, 법을 따르겠다고 약속하는 것은 그 국가의 일원이 되는 사회계약을 하는 것과 같다고 생각할 수도 있다.

또한, 로마 공화국은 백인대 민회(comitia centuriata)에서 '콘술(consul)'이라고 불리는 임기 1년의 최고 행정관(집정관) 2명을 선출함으로써 국가 권력(집행권)을 총괄하도록 했다. 집정관은 법을 집행하는 행정권과 군대를 지휘하는 통수권을 가지고 있었다. 이것은 집정관을 선출해서 국가의 주권을 대리하게 한다는 약속으로서, 통치할 사람과 통치를 받을 사람 사이의 위임 계약, 통치 계약 또는 정부 계약으로 불릴 수 있다. 그러나 이는 사회계약이 아니다. 집정관과 통치 계약을 하기 전에 먼저 원로원과 평민회가 있어야 하고, 또 이보다 먼저 로마 인민이라는 사회가 있어야 하기 때문이다. 씨족이나 부족의 장을 뽑고 따르겠다고 약속하기 전에 먼저 씨족민과 부족민이라는 사회가 있어야 하는 것과 같다.

사회계약은 그래서 위임 계약·통치 계약·정부 계약과 구별된다. 사회계약은 사회를 구성하는 모든 사람이 서로에 대해 일정한 행동 규칙을 따름으로써 함께 모여 살겠다는 자유 의지를 밝히고 확인하는 약속이기 때문이다. 기독교인들이 신과 아담 사이의 언약을 따르겠다고 약속하는 것도 기독교인의 사회를 만드는 것이므로 사회계약이라고 할 수 있다. 그러나 왕권신수설은 통치 계약을 설명할 수는 있어도 사회계약을 설명하지는 못한다. 가부장권도 통치 계약에 관한 설명이지, 결혼처럼 사회(가족)를 만드는 약속이 아니다. 결혼 약속으로 부부라는 사회가 처음으로 생성되는 것처럼, 따로 떨어져서 살던 사람들 또는 씨족이나 부족들이 하나의 사회를 만들어 살겠다는 약속이 그들 모두가 구성원이 되는 사회를 만드는 사회계약인 것이다.

고대 그리스와 로마인은 도덕과 법이 사람들을 함께 살수 있게 한다는 것은 알았지만, 공유된 도덕과 법이 생기기 전에 먼저 함께 살겠다는 약속이 있어야 한다는 생각에까지는 이르지 못한 것 같다. 사회를 만드는 약속을 한 경험이 없고 왕이나 집정관을 뽑고 이들에 의해서 행사되는 국가 권력을 경험하는 것이 대부분이었기 때문이다. 집정관을 뽑는 것도 시민에게 한정된 것이고, 국민의 대부분은 국가 권력의 객체일 뿐이었다. 통치 계약보다 먼저 사회를 만드는 계약이 있어야 한다는 생각은 왕의 자의적인 명령에 불만을 품고 의심하기 시작한 근대인에 의해 발달했을 것이다. 루소는

『사회계약론』에서 이런 생각을 분명하게 정리하고 있다.

이런 생각에는 자연법에 관한 생각의 변화가 담겨 있다. 고대 그리스와 로마의 철학자들은 자연법을 우주와 자연(본성)을 만들고 움직이게 하는 법칙이라고 생각했고, 중세 기독교인들은 하느님이 자연에 부여한 법, 하느님의 말씀이라고 생각했다. 중세와 근대의 법학자들은 수많은 판례 속에서 발견되는 법이 자연법이라는 생각을 발달시키면서 그것이 하느님이 자연에 부여한 법과 일치한다고 생각하기도 하였다. 이런 생각들이 17~18세기의 사상가들에게 이어졌고, 자연법이 사람의 본성에서 나온다는 생각에 이르렀다. 자연법은 사제나 법학자가 찾아내서 제시하는 것이 아니라 각 개인의 본성에서 나오는 것이며, 그래서 국가의 법과 주권도 각 개인에게서 비롯된다고 생각하게 되었다. 법과 주권의 근원이 신에서 개인으로 대체되었으며, 왕의 명령(법)과 권력 행사에 저항하는 이론적 근거가 되었다.

홉스의 사회계약론: 제3자 주권론

사회계약 사상가 중에서 자연 상태와 사람의 본성에서 자연법을 끌어내려고 시도 한 것은 홉스가 처음일 것이다. 홉스에 따르면, 모든 사람은 자유롭고 평등하게 태어나기 때문에 자기 자신을 보전하려는 욕망과 능력 또한 사람마다 차이가 없다. 욕망의 차이가 없기에 욕망을 채워줄 수 있는 같은 대상을 추구하게 되므로 '자원의 희소성'이 생겨나며, 능력의 차이가 없기에 자기 보전을 위해 더 많은 것을 차지하려고 경쟁할 수밖에 없다. 그래서 자연 상태는 "만인에 대한 만인의 전쟁 상태"이며, 이런 상태에서는 누구도 안전을 보장할 수 없게 된다. 그러나 처음에 이기심과 전쟁으로 이끌었던 이성이 나중에는 그런 전쟁 상태에서는 누구도 안전할 수 없다는 것을 깨닫게 해주므로, 사람들은 그런 올바른 이성의 안내에 따라 평화를 가져오는 법(19개의 자연법)에 따를 것을 약속해서 국가를 만드는 계약을 맺는 데로 나아가게 된다. 그 계약은 각자가 지닌 힘(자연권)을 직접 행사할 것을 포기하고 다른 사람과 동등한 자유를 가지는 것에 만족하며, 각자의 힘을 공동의 힘으로 모아서 제3자로 하여금 대신하여 행사하게 하자는 것이 핵심이다.

평화는 계약을 맺을 뿐만 아니라 그것을 유지해야만 보장할 수 있는 것이다. 계약을 바꾸려고 하거나 지키지 않으면 평화가 깨지고 국가도 무너져서 전쟁 상태로 되돌아가게 된다. 그럼에도 사람은 자신의 이익을 우선해서 계약을 바꾸거나 지키지 않으려 할 수 있다. 자신이 얻을 이익이 보상이나 처벌보다 클 때, 또 보상하지 않거나 처벌받지 않을 만큼 자신이 가진 힘이 크다고 생각할 때 그럴 가능성은 더욱 커진다. 그래서 평화 실현과 국가 유지를 위해, 계약을 바꾸거나 지키지 않았을 때 얻을 수 있는 이익보다 배상이나 처벌을 크게 하고, 또 그런 배상과 처벌을 강제할 수 있는 공동의 힘이 필요하며, 그 힘을 행사할 대리자가 필요하게 된다. 홉스는 각 개인이 포기한 힘이 모여 생긴 공동의 힘을 주권이라 부르고, 정신의 능력을 양도한 것이기도 하므로 '공동의 인격'이라고도 불렀다. 이러한 공동의 힘이자 공동의 인격이 바로 홉스가 리바이어던(성경에 나오는 바다 괴물)에 비유한 '코먼웰스(commonwealth)'이자 국가다.

계약자는 당사자여서 주권을 대리하지 못한다. 그래서 주권을 대리할 제3의 개인이나 조직 또는 연합체를 필요로 하며, 이를 위해 위임하는 계약이 필요하게 된다. 주권을 위임받은 대리자를 주권자라고 부른다. 갈등이나 싸움을 해결하려고 할 때 당사자가 아닌 제3자에게 중재를 맡기는 것이 공정한 해결을 기대할 수 있고 양측이 수용할 가능성이 높듯이, 주권자는 평화와 국가 유지를 위해 주권을 위임한 사람들의 가치 판단이나 이익으로부터 벗어나 독자적으로 판단해서 중재할 수 있어야 한다. 또한 싸움을 중재하려는 제3자를 처벌하지 않듯이, 주권자는 주권의 행사에 대해 처벌을 받지 않으며 모든 사람에게 복종하기를 요구할 수 있는 절대적인 지위를 가진다.

홉스는 각인이 계약을 한 것은 자신의 생명을 건강하게 유지하기 위한 것이므로 주권자라 하더라도 개인의 생명을 위협하거나 생명을 유지하는 데 꼭 필요한 것들을 금지할 수 없다고 생각했다. 만약 그럴 경우에는 저항할 수 있고, 계약을 무효로 만들어 주권자를 바꾸는 혁명을 할 수도 있다고 보았다. 그러나 홉스는 주권자는 위임받은 주권을 행사하는 것일 뿐이므로 위임받은 범위를 벗어나는 일을 할 수는 없다고 보고, 저항권이나 혁명권을 행사할 일은 없을 것이라고 여겨 강조하지는 않았다. 어떤 사람은 저항권이나 혁명권에 대한 소극적인 생각과 왕을 주권자로 생각한 것을 홉스가 왕당파였기 때문이라고 설명하기도 하지만, 『리바이어던』이 출간된 후 홉스는 왕당파로부터 공격을 받고 왕궁 출입을 금지당하기도 했다.

홉스는 주권을 위임받는 대리자의 수에 따라 정체를 세 가지로 구분한다. 대리자가 한 사람인 군주정, 소수인 귀족정, 그리고 다수인 민주정이 그것이다. 군주정에 불만을 가진 사람은 군주정을 폭군정 또는 독재정(tyranny)이라고 부르고, 귀족정에 불만이 있는 사람은 과두정(oligarchy), 민주정에 불만이 있는 사람은 무정부(anarchy)라고 부르는 것처럼,

정체를 가리키는 다양한 용어는 이 세 가지에서 파생된다고
했다. 홉스는 이 중에서 군주정이 평화와 안전을 지키는 데
가장 유리하다고 보았다. 군주정은 공익과 사익의 일치, 빠
른 결정과 유지에 유리하고, 부패의 가능성이 있으나 낮고
정도도 약하며, 주권 승계에 문제가 있을 수 있으나 이것은
모든 정치 체제에서 나타나는 문제라고 생각했기 때문이다.
반대로 이것은 홉스가 민주정을 공익과 사익이 일치할 가능
성이 가장 낮고, 또 그래서 결정을 내리고 유지하기가 어려
우며, 부패 가능성이 가장 높고 정도도 가장 심할 것이므로
평화와 안전을 유지하는 데 가장 불리한 정치체제라고 생각
했음을 시사한다.

로크의 사회계약론: 위임주권론

로크도 자연 상태와 인간의 본성에 근거해서 자연법을 설
명하려고 시도했다. 로크도 사람은 자유롭고 평등하게 태어
난다고 전제했으나, 홉스와 달리 자연 상태를 평화로운 상태
라고 생각했다. 하느님이 자연법을 부여해서 자연을 창조했
으므로 모든 존재는 자연법을 따라야 하며, 사람은 이성을
지니고 있어서 이성을 통해 자연법을 알 수 있고 따를 수 있

다고 생각했기 때문이다. 그래서 자연인은 다른 사람의 가치 판단에 얽매이거나 의존하지 않고 자연법의 범위 내에서, 즉 '다른 사람의 생명·자유와 재산을 해쳐서는 안 된다'는 틀 안에서 적당하다고 생각하는 대로 행동할 것이기 때문에 평화로운 상태를 유지한다는 것이다. 홉스가 사람의 본성이 같고 평등하다는 것으로부터 다른 사람을 해치려는 행동이 나타난다고 생각한 것과 반대로, 로크는 사람의 본성이 같고 평등하므로 다른 사람을 해치려고 행동하지 않을 것이라고 생각한 것이다. 사람의 본성에 대한 홉스의 생각을 성악설로, 로크의 생각을 성선설로 구분하는 것은 그 때문이다.

로크도 자연 상태에서 평화가 깨지는 상황이 발생할 수 있다고 생각했다. 자연 상태에서 자연법이 무엇인지를 판단해서 따르고 지키는 것이 각자에게 맡겨져 있는데, 사람마다 이성의 발달 정도가 다를 것이기 때문에 판단과 행동도 다를 것이며, 그런 판단과 행동 중에는 자연법을 벗어나는 것이 있을 수 있기 때문이다. 로크는 자연법을 벗어나는 판단과 행동은 하느님에 대한 불경이자 자연법을 따르는 사람들이 만든 공동체에 위협을 가하는 것으로 여겨, 모든 사람은 그런 위협으로부터 자신과 공동체를 보호하기 위해 위협을 가한 사람을 처벌할 권리를 가진다고 보았다. 그리고 자연법의 위반이나 죄로 인해 직접적인 손해를 입은 사람에게, 손해를 입힌 사람에게 배상을 요구할 수 있는 손해 배상 청구권이 생겨난다고 보았다. 로크는 이 '처벌권'과 '손해 배상 청구권'을 자연법으로부터 나오는 최초의 자연권으로 간주했다.

로크는 사람들이 처벌권과 손해 배상 청구권을 이성과 양심에 따라 행사할 것이기 때문에 죄나 손해에 맞게 행사될 것이라고 믿었지만, 이것이 자연권인지는 미뤄두더라도, 이런 자연권을 집행하는 일이 각자에게 맡겨져 있어서 집행이 불확실하고, 또 각자에게 맡겨져 있어서 다른 사람이 자연법을 위반하거나 자신에게 손해를 입힐 가능성도 없어지지 않기 때문에 평화를 확신할 수 없다고 보았다. 그래서 사람들은 자신의 생명·자유와 재산을 보호하고 지키기 위해 사회나 공동체를 만드는 계약을 하게 되었다는 생각으로 나아갔다.

로크에 따르면 계약으로 생겨나는 사회가 자연 상태와 다른 것은 첫째, 사회 전체를 규율하는 질서로서 법이 있다는 것, 둘째, 법을 공정하게 판단해줄 재판관이 있다는 것, 셋째, 공정한 판단에 따라 집행해줄 권력이 있다는 것이다. 이것은 반대로 자연 상태는 자연법이 있으나 그것을 알고 따르는 일이 각자에게 맡겨져 있으므로 공통된 법과 그에 따른 질서가 없고, 또 각자가 자연법의 판단자이므로 공정한 판단 (재판)을 기대하기 어려우며, 마지막으로 각자가 자신의 판단에 따라 자연권을 행사할 때 다른 사람의 저항이나 방해를 받거나 위험을 당할 수 있으므로 행사(집행)하기 어려운 상태라는 것을 뜻한다. 그래서 로크는 사람들이 각자 자신의 생명·자유와 재산을 보호할 것을 확실하게 만들기 위해 사회를 만드는 것에 동의하고 각자가 자연법을 집행할 권리를 포기하여 공동체에 위임하는 계약을 함으로써 정치 사회 또는 시민 사회가 생겨난 것이라고 설명했다.

로크는 정치 사회는 법·재판관·집행자를 가져야 하므로 국가(코먼웰스)는 입법권(입법부)·재판권(사법부)·집행권(행정부)의 권력과 조직으로 구성되어야 한다고 생각했다. 자연 상태와 정치 사회의 최초의 구분은 법의 유무에 있으므로, 국가의 가장 중요한 권력과 조직은 입법권과 입법부이며, 이것이 누구에게 있느냐에 따라 국가 형태가 달라진다고 보았다. 구성원 모두에게 입법권이 있으면 민주정, 선택된 소수나 그런 소수의 후계자에게 위임되면 과두정, 한 사람에게 위임되면 군주정이라고 생각했다.

사회를 만드는 것에 동의하고 계약을 함으로써 사회 구성원이 된 것이므로, 만약 입법권을 위임받은 사람들이 위임받은 임무를 소홀히 하거나 위반하면 위임은 취소되며, 입법권은 위임한 사람들에게 돌아가 다른 위임자를 선택해 맡길 수 있게 된다. 행정권도 마찬가지다. 최고 행정관이 위임받은 목적과 범위를 벗어나 행정권을 행사하면 위임한 사람들은 그런 행정권의 행사에 저항하고 위임을 취소하여 다른 행정관에게 위임할 수 있다. 이것은 제3자에게 위임할 때 주권의 행사에 초점을 맞췄던 홉스와 달리, 로크가 주권의 분할 위임과 입법에 초점을 맞췄기 때문에 가능했다고 할 수 있다. 또한, 홉스가 주권을 위임받은 대리자가 그 목적에 맞게 주권을 사용할 것을 믿었기 때문에 저항권과 혁명권을 강조하지 않았다면, 로크는 위임받은 자들이 위임 목적에 어긋나는 일을 할 수 있는 가능성을 감안했기 때문에 저항권을 강조할 수 있었다고 할 수 있다. 어떤 사람은 로크가 의회파(공화파)였기 때문에 왕의 주권 행사를 제한하려는 의도에서 이런 주장을 했다고 생각한다. 로크의 의도를 어떻게 추정하든, 그가 위임 계약·통치 계약 또는 정부 계약과 사회계약을 구별한 것은 분명하며, 저항권을 확대함으로써 국가의 권력 행사를 국민에게 귀속시키고, 삼권 분립에 기초한 정부를 수립하는 데 이론적 근거를 제공한 것은 분명하다.

루소의 사회계약론: 일반의지론

자연 상태와 인간의 본성을 자연법과 자연권의 근원으로 설명하려는 시도는 루소에 이르러 완성된다고 할 수 있다.

"모든 것은 창조자의 손을 떠날 때는 좋았으나 인간의 손에서 타락한다"는 『에밀』의 유명한 문구에서 알 수 있듯이, 루소는 로크처럼 자연 상태는 평화로운 상태라고 생각했다. 모든 것을 좋게 창조한 하느님이 자연 상태를 전쟁 상태로 만들었다고 보기 어렵고, 모든 존재가 좋게 창조되었기에 본성상 자연법을 따를 것으로 생각했기 때문이다. 루소에 따르면, 모든 사람은 자유롭고 평등한 본성을 가지고 태어나기 때문에, 그런 본성에 따라 능력을 사용하는 것은 자연법을 따르는 것이자 하느님의 뜻을 따르는 것이 된다. 하느님은 사람의 본성에 자기 보전의 욕구·동정심·이성을 주었고, 사람은 이런 본성의 능력들을 결합하고 배합함으로써 자연권을 만들어낸다. 자연 상태의 자연인은 자신의 욕망을 자신의 자연권으로 충분히 채울 수 있고 그로부터 행복을 얻을 수 있어서, 다른 사람이 자신을 해치려 하지 않는 한 적극적으로 다른 사람을 해하려고 하지 않는다.

루소도 홉스나 로크처럼 사람이 이성을 통해서 자연법을 알고 따를 수 있다고 생각했다. 그러나 루소는 이성이 그렇게 할 수 있는 것은 다른 능력으로부터 도움을 받았기 때문이라고 생각했다. 특히 감각을 통해 생겨나고 이성에 의해서 올바르게 안내될 때 드러나는 '양심(conscience)'이 인정할 수 있어야만 자연법이라 할 수 있고 따를 수 있을 것이라 생각했다. 그렇지 않고 홉스나 로크처럼 이성에만 의존할 때 오히려 자연법을 거스를 수 있다고 보았다. 루소가 "모든 것은 … 인간의 손에서 타락한다"고 할 때 '인간의 손'은 올바르지 않게 사용한 이성을 가리킨 것이다. 이성이 이기적인 마음을 강화해서 사람들 사이에 만연되게 할 때, 홉스의 전쟁 상태나 로크의 평화로우나 불안한 자연 상태가 된다는 것이다. 그래서 루소는 이기적인 마음에 따라 행동하는 생활 방식을 바꾸지 않으면 모든 인류가 사멸하게 될 상황에서, 사람들은 자신과 인류를 존속시키기 위해 새로운 사회를 만드는 약속, 즉 사회계약을 하게 된다는 생각으로 나아갔다.

하느님이 좋게 창조한 자연 상태를 실현해야 사람도 사회도 최선의 상태로 존속할 수 있을 것이므로, 새로운 사회의 질서도 하느님이 자연에 부여한 법을 실현하는 것이어야 하며, 그런 자연법은 하느님이 사람을 창조했을 때처럼 모든 사람이 자유롭고 평등한 관계로 만드는 것이어야 한다. 이기적인 마음을 가진 사람들이 계약까지 해가면서 자신을 자유롭고 평등하지 못하게 만드는 사회를 만들려고 하지는 않을 것이기 때문이다. 그래서 루소는 사람들이 "모든 공동의 힘으로 개인과 각 연합자의 이익을 방어하고 보호하며, 그에 따라 각자는 전체에 결합함에도 오직 자신에게만 복종하여 전처럼 자유롭게 남게 되는 연합 형태"를 추구하자는 데

동의한다고 생각했다. 그리고 각 개인의 동의는 자유 의지를 담은 것이므로 그런 동의로부터 구성원의 모든 자유 의지가 담긴 '일반 의지'가 생성된다고 보았다. 다시 말해, 일반 의지는 공동의 힘, 공동 이익, 동등한 자유를 실현하는 연합체를 선택한, 계약 당사자들의 자유 의지의 총화라는 것이다.

루소에 따르면, 각 구성원은 일반 의지에 따라 "자신과 자신의 모든 힘을 공동체에 양도하고 각 구성원을 전체의 개별 부분으로서 받아들이는 사회계약"을 하게 된다. 사회계약은 "집회에서 목소리를 가지는 것만큼의 구성원들로 구성된, 도덕적이고 집합적인 연합체(의회)"를 만들어내고, 연합체는 사회계약 행위로부터 "그 통일성, 공동 자아, 생명 그리고 의지"를 받게 되며, 이렇게 생겨난 "공공 인격은 그래서 모든 다른 사람들의 연합에 의해서 형성되고, 이전에는 국가라는 이름을 가졌지만" 이제는 '공화국 또는 정체'라는 이름을 가진다. 또한 공공 인격에는 각각의 관계에 따라 다른 이름이 주어진다. 계약 당사자들은 공공 인격을 "수동적일 때 국가(state), 능동적일 때 주권자, 그리고 다른 유사한 연합체와 비교할 때 (공)권력이라 부른다". 그 구성원들은 "집합적으로는 인민(people), 개별적으로 주권적 권위에 참여할 때 시민(citizen)이라 불리며, 그 정부의 법에 종속될 때 신민(subject)"이라고 불린다.

루소에 따르면, 사회계약으로 국가가 생겨났지만, 그런 국가가 저절로 작동하는 것은 아니다. 그래서 "정신(도덕)적이고 집합적인 연합체"는 정기적이고 상설된 의회여야 하며, 여기서 각 개인이 일반 의지에 따라서 국가를 작동하게 하는 법과 조직을 만들고 그것을 집행하는 정부를 구성해야 한다. 이와 같은 주권 행사에 참여하는 시민은 당연히 사회계약의 당사자여야 하고, 이들이 만든 법은 인민 전체의 전체에 대한 관계를 정하는 근본적인 법이자 정치법, 즉 오늘날의 헌법이라고 할 수 있다. 그래서 루소는 공화국을 법에 따라 통치되는 국가로 정의하고, 왕이 있더라도 법에 따라 통치하면 공화국일 수 있고, 반대로 계약 당사자의 다수가 통치하는 민주정도 법에 따라 통치되지 않으면 홉스나 로크의 자연 상태나 다름없게 된다고 보았다.

이런 이유에서 루소는 정부를 '정체의 축소판'으로 간주하고 조직과 구성에 주의해야 한다고 말하면서, 행정관의 수에 따라 정부 형태를 분류하고 합법성을 기준으로 구별한다. 그에 따르면, 정부(행정관 단체)가 의회 구성원의 절반이상으로 구성되면 민주정, 절반미만이면 귀족정, 그리고 정부 전체가 한 사람의 행정관에게 맡겨지면 군주정 또는 왕정이 된다. 모든 국가에 적용할 만한 유일하고 절대적으로 좋은 정부 형태란 있을 수 없고, 국가의 크기와 성격, 즉 인민의 수와 성격에 따라 달리 선택해야 한다. 민주정은 작은 나라에, 군주정은 큰 국가에 적합하나, 세 가지 정부 형태의 하나를 취하는 순수하게 단일한 정부는 없고, 대부분은 혼합 형태로 정부를 구성하게 된다. 그러나 어떤 정부 형태건 법에 따라 통치하면 모두 공화정이 되고, 그렇지 않으면 중우정(ochlocracy), 과두정(digarchy), 독재정(tyranny)이나 전제정(despotism)이 된다. 이런 정부들은 모두 무정부(anarchy)상태이다. 특히 독재정이나 전제정은 정부가 국가를 찬탈한 것이 되므로, 계약당사자들은 정부에 대리하게 했던 권한을 회수할 수 있게 된다. 또 의회에서 일부 파당이 파당의 개별 의지를 일반 의지로 둔갑시키면 사회계약이 파기되어 국가와 시민은 계약 이전의 자연 상태와 자연인으로 돌아가게 된다. 그래서 정부와 의회가 주권을 찬탈하면 계약 당사자들은 정부와 의회에 복종할 의무가 없어지게 된다. 이것이 모든 인민이 국가에 대해 저항권을 갖게 되는 논리이며, 모든 시민이 의회에서 정부가 주권을 침탈했는가에 관해 공동으로 심의하고, 심의할 때 개별 의지가 아니라 오직 일반 의지에 따라 심의해야 할 것을 요구하는 논리를 성립시킨다. 또한, 이런 논리는 정부와 의회 구성원(인민) 모두가 자신의 자유를 절제하는 덕(well regulated freedom)을 함양해야 하고 법을 따르는 정신을 지녀야 한다는 논리를 성립시킨다.

사회계약이 민주주의를 만드는가

　사회계약론은 자연 상태의 자연인이 사회를 만드는 이유·절차 및 방법에 대한 근대 사상가들의 생각이다. 간략히 요약하면, 홉스는 각 개인이 자신의 생명·자유와 재산을 보호하기 위해 평화를 유지할 수 있는 질서가 필요하다고 생각해서 자연권을 포기하여 거대한 권력을 만들고, 그 결과로 생겨난 권력을 대리자에게 위임함으로써 국가를 만들었다고 생각했다. 로크 역시 개인의 생명·자유와 재산을 보호하기 위해 정치 질서가 필요했으며, 개인들이 자신의 자연권을 양도하는 계약을 해서 입법권·사법권·행정권을 만듦으로써 국가를 만들었다고 생각했다. 루소는 이런 생각들을 인민이 일반의지 다시 말해, 공동의 힘, 공동 이익, 동등한 자유를 실현하는 연합체를 선택한 의지에 따라 사회계약을 함으로써 국가를 창설한다는 것으로 수렴했다.

　또한 이들은 모두 민주정(democracy)에 관해 설명했다. 그러나 민주정을 정부 형태의 하나로서 취급했고, 바람직한 정부 형태라고 생각하지도 않았으며, 제안한 정부 형태도 각기 다르다. 홉스는 인민이 권력을 왕에게 신탁했다고 생각했고, 로크가 입법권이 소수(의회)에게 위임된 귀족정을 생각했다면, 루소는 입법권은 대표될 수 없으므로 계약 당사자가 의회 구성원이 되어야 하며, 의회가 법으로써 구성한 정부를 운영할 행정관을 고용하는 것으로 생각했다. 그래서 의회에서 정부를 어떻게 조직하는가에 따라 다양한 형태의 정부가 생겨날 수 있다고 생각했다. 로크는 의회를 구성하고 여기서 다시 정부를 구성한다고 생각했으므로 사회계약과 통치 계약의 이중계약을 말한 반면, 루소는 계약 당사자가 의회를 구성하므로 사회계약은 위임 계약이 아니고 의회를 생성함으로써 끝나며, 의회가 법으로 조직한 정부를 운영할 행정관을 충원하는 것도 위임이 아니라 단지 법의 집행으로 생각했다.

반면에, 오늘날의 민주주의(democracy)는 정부 형태 이상의 의미로 이해되고 있다. 민주주의를 주권이 인민에게 있다는 것을 넘어 모든 사회 질서의 원리로 간주하려는 생각이 더해진 것이다. 민주주의를 이렇게 이해할 때, 사회계약을 민주주의를 실현하는 방법의 하나로 볼 수 있다. 홉스 이전의 사상가들이 사회가 생겨난 이유, 인민이 된 이유 그리고 주권이 생겨난 이유를 설명하는 것이 아니라 통치자의 주권 행사나 통치 계약을 정당화하는 데 초점을 맞춘 반면, 홉스는 처음으로 주권이 인민에게서 나온다는 생각을 제시했고, 로크가 그런 생각을 강화했고, 루소는 완성시켰다고 할 수 있다. 그러나 정부 형태에 대한 이들의 선택이 민주정이 아니었다는 점을 주목할 필요가 있다. 이는 민주정만이 그런 민주주의를 실현할 수 있는 것은 아니라는 뜻이며, 자기입법의 원리와 자치의 원리가 반드시 일치해야 하는 것도, 또 자치의 원리가 반드시 모든 인민에게 동등하게 지켜져야 하는 것도 아니라는 것을 뜻한다.

여기서 권력의 분립과 견제, 대의제 민주주의, 시민적 덕을 강조하는 논리를 뒷받침해주는 근거 하나가 나온다. 특히 입법권이 시민에게 있고 정부가 법에 따라 통치한다면 어떤 정부 형태를 선택하더라도 공화정이 된다는 루소의 생각은, 그런 민주주의를 확립하는 것과 행사하는 것이 반드시 같아야 하는 것은 아니며, 국가 권력이 독점되지 않게 하고 국가가 법에 따라 통치되도록 하는 것이 핵심이라는 것을 말해준다.

오늘날 거의 모든 국가가 공화국과 민주주의를 표방하고 있으나, 국가마다 선택한 정부 형태는 다르다. 대표적으로 의원내각제와 대통령제를 들 수 있다. 이원집정부제 또는 준대통령제는 앞의 두 형태를 혼합한 것으로 볼 수 있다. 루소에 따르면, 의원내각제는 의회의 소수가 정부를 구성하는 방식으로 귀족정에 가깝다. 대통령제는 1명의 최고 행정관을 선출해서 정부를 맡기는 방식으로 군주정에 가깝다.

인민 주권의 실현만을 생각하면, 자기입법과 자치의 원리가 융합된 의원내각제가 대통령제보다 인민 주권을 더 잘 실현하고, 정부형태로서 민주정의 원리를 더 잘 실현하는 것처럼 보인다. 그러나 루소의 우려처럼, 시민이 오직 일반 의지를 따를 것이 보장되지 않는 한 의원내각제는 과두정이 될 수 있고, 심지어 전제정으로 흐를 가능성도 있다. 인민은 단지 선거일에만 시민이고 언제나 구별되는 피지배 계급으로 남을 수도 있다. 반면, 자기입법의 원리와 자치의 원리가 구별된 대통령제는 민주정의 원리와 거리가 있어서 인민 주권을 상대적으로 덜 실현하는 것처럼 보인다. 대통령제는 행정부가 입법부를 압도할 때 독재정 또는 전제정으로 변할 가능성이 높아, 인민 주권의 실현에 더 큰 위협이 될 수 있는 것이 사실이기 때문이다. 그러나 의회와 정부를 분리해서 서로 견제와 균형을 유지하도록 하는 것이 권력집중에 의한 주권 찬탈을 방지하는 데에 더 유리하다는 점은 대통령제의 상대적인 장점이라 할 수 있다. 이런 점에서 사회계약은 인민 주권의 실현을 위한 최초의 발걸음이긴 하나, 사회계약을 한다고 해서 곧바로 인민 주권의 실현이나 사회질서의 원리로서 민주주의나 정부형태로서 민주정이 실현되는 것은 아니라고 할 수 있다. 민주주의나 민주정의 실현은 그것을 운영할 시민이 일반 의지를 따르는가, 다른 말로 시민의 덕을 가지고 있는가에 달려있다고 할 수 있다.

제5장 사회계약론이 말해주지 않은 것

오늘날의 국가들은 거의 민주주의와 공화국을 표방하고 있다. 사회계약론이 유럽과 미국에 미친 영향이 컸던 만큼 그 영향이 계속되고 있는 것이다. 그러나 사회계약론은 사회와 국가의 창설 외에, 사회와 국가의 성장·변화·소멸 등에 관해서는 충분한 설명을 제공하지 않았다.

이 장에서는 17~18세기 사회계약론의 영향, 사회계약론이 다루지 않은 것, 그리고 사회계약론으로 설명할 수 있는 사례 등을 살펴본다. 특히 일반 의지가 현대의 국가와 정치 제도에 의해서 실현되거나 실현되지 않는 경우를 살피고, 오늘의 정치에 대해 가지는 함의를 드러낸다.

사회계약은 정의로운가

정의가 무엇인가에 대해 여러 가지 의견이 있어왔다. 그런 의견들을 정의론 또는 정의관이라고 한다.

고대 그리스의 플라톤은 정의(δίκαιο, dikaion)를 덕의 하나로서 "각자가 자신의 성향에 따라 가장 잘할 수 있는 일을 하는 것"이라고 정의했다. 아리스토텔레스 역시 정의를 덕의 하나라고 생각하고 그것은 "법을 지키는 것과 공정한 것"이라고 했다. 시민법·만민법을 발달시킨 로마 공화국과 로마 제국에서는 정의(iustitia)를 법(ius, δίκαιο의 번역어며, 영어로 right이나 law)과 동일시했다. 로마 공화국의 법학자 울피아누스는 "정의는 모든 사람에게 권리를 부여하는 연속적이고 영구불변하는 결정"이라고 함으로써, 정의가 곧 법이며 이로부터 권리가 나온다는 생각을 밝혔다.

이런 생각은 중세와 근대 초기까지 이어졌다. 중세와 근대의 사상가들은 자연법은 하느님께서 말씀(logos. '이성reason'이라는 뜻도 있다)을 통해 자연에 부여한, 모든 존재의 관계를 규율하는 법이라는 생각을 발달시켰고, 사람의 이성에 의한 법도 서로의 관계를 규율하는 법이라 생각했다. 정의라는 말이 '올바름' '공정함'이라는 뜻을 가진 것처럼, 법이 사람의 관계를 올바르고 공정하게 만드는 것이라 생각한 것이다.

사람의 관계를 올바르고 공정하게 하는 것이 정의이자 법이라는 생각은 홉스·로크·루소—모두 '제3신분', 즉 평민 출신이다—에게도 이어졌다. 이들이 모든 사람이 자유롭고 평등하게 태어난다는 생각을 공유한 것은, 당시 사회를 유지하던 왕·귀족·성직자·평민·노예의 신분 질서가 사람의 올바르고 공정한 관계를 담은 것이 아니라는 생각을 바탕으로 했기 때문이다. 그런 질서를 정당화하려고 했는지와 변화시키려 했는지에는 이들 사이에 정도의 차이가 있으나, 결과적으로 사회를 만들려는 사람들의 관계를 자유롭고 평등하게 하는 데 이바지했다. 특히 루소는 사회계약을 구성원의 자유와 평등을 올바르고 공정하게 할 수 있는 최고의 방법이라 여겼고, 그래서 구성원 모두의 동등한 자유, 공동의 힘, 공동 이익을 추구하는 연합체를 만들겠다는 일반 의지는 항상 정의롭고 항상 좋은 것이라고 단언할 수 있었다.

모든 국민의 관계를 올바르고 공정하게 하는 것은 모든 국민에게 동등한 자유와 평등을 보장하는 것과 같다. 자유가 개인에게 귀속된 개념이라면 평등은 개인의 관계에 귀속된 개념으로서, 양 개념은 동전의 양면과도 같다. 한 사람의 자유가 클수록 다른 사람의 자유는 작아지므로, 이들의 관계는 불평등한 관계가 된다. 반대로 사람들의 관계가 평등하면 이들이 누리는 자유도 동등하게 된다. 즉, 국민의 관계를 올바르고 공정하게 하는 것은 국민이 가진 자유(힘)가 평등에 이르게 하는 것과 같다는 것이다. '누구나 법 앞에 평등하다'라는 말이 있듯이, 모든 사회나 국가가 정의—도덕적 정의(moral justice)와 법적 정의(legal justice)—를 바로 세우려고 노력하는 이유가 여기에 있다. 권력을 담임하지 못하더라도 권력을 담임한 사람과 그렇지 않은 사람의 관계가 평등하다면, 또 도덕과 법을 만들고 따르는 데 권력이나 재산의 많고 적음과 관계없이 누구나 평등하다면, 인민 주권의 원리가 실현되는 것과 별반 다르지 않을 것이기 때문이다. 사회나 국가가 구성원의 '동등한 자유', '공동의 힘', '공동 이익'을 실현하기 위해 노력할 의무 역시 인민 주권의 동등한 실현, 달리 말해 국민이 가진 힘을 평등하게 행사하게 하는 것에서 나온다.

대의제 민주주의의 가장 큰 문제점 중 하나는 권력과 이익의 독점 현상에 따른 불평등의 심화다. 존 롤스와 같은 현대 학자들이 정의에 관한 의견을 내놓은 것은, 자본주의 위에 세워진 대의제 민주주의의 그러한 문제점을 극복하고 국민의 동등한 자유, 공동의 힘, 공동 이익을 실현하기 위한 고민에 따른 것이다. 롤스는 『사회정의론』에서 사회 정의를 구현하기 위한 두 개의 정의의 원칙을 제시했다. 하나는 '동등한 자유의 원칙'이고 다른 하나는 '차등의 원칙'이다. 차등의 원칙은 다시 '공정한 기회 균등'과 '최소 수혜자의 최대의 이익'의 원칙으로 구성된다. 동등한 자유의 원칙이 국민의 동등한 자유를 보장하기 위한 것이라면, 차등의 원칙은 이익의 분배가 더 공정하고 평등하게 이루어지게 해서 공동 이익을 보장하기 위한 것이라 할 수 있다.

롤스는 이를 '케이크 자르기(cake-cutting)'에 비유한다. 국가가 국민에게 분배해야 할 이익을 케이크라 하면, 케이크를 자를 힘은 국가 권력이다. 누가, 어떻게 하면 가장 공정하게, 평등하게 케이크를 분배할 수 있을까? 첫 번째 '동등한 자유의 원칙'을 적용하면, 국민이 여덟 명이라고 가정할 때, 여덟 명 누구나 케이크를 자르고 분배받을 것이 동등하게 보장되어야 한다. 두 번째의 첫째 '공정한 기회 균등' 원칙에 따르면, 국민 여덟 명 중 누구나 케이크를 자를 기회를 가질 수 있어야 한다. 그러나 케이크를 자르는 사람이 마지막에 남는 조각을 갖도록 해야 공정한 기회 균등이 될 것이다. 첫 번째와 두 번째의 첫째 원칙이 공유되고 지켜질 때, 케이크를 자르는 사람이라면 누구나, 케이크를 불균등하게 자르면 자신에게 가장 작은 조각이 남게 된다는 것을 알기에 가능한 한 균등하게 자르려고 노력하게 될 것이다. 케이크를 자르는 사람은, 그가 비록 자신의 이익만을 생각하는 사람이어서 두 번째의 둘째 원칙 '최소 수혜자의 최대의 이익'을 지키려고 의도하지 않더라도, 자신을 최소 수혜자로 가정해서 케이크를 자를 수밖에 없기에 결과적으로 이 원칙을 지키게 된다는 것이다. 다시 말해, 자본주의와 대의제 민주주의 사회에서 모든 국민은 각자 자신의 이익을 극대화하려고 하기에 권력과 이익의 독점 현상에 따라 불평등이 심화하는 문제를 안고 있으나, 정의의 두 원칙이 공유되고 지켜진다면, 국가권력이 공유됨과 동시에 국가 권력에 의한 이익의 분배가 공정하고 균등하게 이루어질 수 있다는 것이다. 그래서 정의의 두 원칙이 지켜질 때, 누구나 국가 권력을 가질 수 있기에 공동의 힘을 실현할 수 있고, 누구나 동등한 이익을 받을 것이 보장되므로 공동 이익이 실현되며, 이렇게 할 기회와 자격이 누구에게나 보장되므로 동등한 자유가 실현될 수 있다는 것이다.

또한, 롤스는 '포커 게임(poker game)'을 언급하기도 했다. 포커 게임은 '게임의 규칙'만 지키면 참가자들이 자신의 운과 능력에 따라 몫(판돈)을 분배받는 형태다. 이런 '게임의 규칙'을 공정으로서의 정의로 보는 사람도 있으나, '게임의 규칙'과 게임의 결과는 '최소 수혜자의 최대의 이익'과 거리가 멀다.

롤스가 공동의 힘에 관해 많은 이야기를 하지 않은 것은 '창설된 사회와 국가'를 전제했기 때문이라고 생각할 수도 있지만, 정의의 두 원칙을 말하기 전에 사회계약의 상황을 설명했기 때문이다. 롤스는 사회계약의 상황을 '원초적 입장 (original position)'과 '무지의 장막'(veil of ignorance)으로 설명한 다. 원초적 입장은 모든 사람이 자유롭고 평등한 자연 상태 를, 그리고 무지의 장막은 자연 상태에서 자연인들이 서로 독립적으로 살고 있어 다른 사람의 본성·능력·재산이나 지 위 등에 대해 알지 못하는 상황을 가정한 것이다. 원초적 입 장과 무지의 장막은 사회계약을 하는 사람들의 관계를 동등 한 관계로 만들어주며, 그렇게 모두가 동등한 상태에서 각자 가 정의의 두 원칙이 자신에게 최선의 이익을 주는 것은 물 론 다른 사람과의 관계에서도 공정하다고 판단해서 합의하 게 된다는 것이다. 사람들이 서로 약속을 하거나 사회나 국 가를 만드는 계약을 할 때 자신이 '무지의 장막'이 드리워진 자연 상태에 있는 것처럼 생각하고 정의의 두 원칙에 따라 법과 정책을 결정하면, 그 결과 모든 사람의 권리와 의무 그 리고 이익의 분배가 항상 정의롭게 될 것이라고 롤스는 생 각했던 것이다. 이런 생각을 '절차적 정의론' 또는 '공정으로 서의 정의론'이라고 한다. 그러나 이런 생각은 사회계약을 할 때가 아니라 사회계약을 한 후에, 의회나 행정부가 법과 정책을 결정할 때 지켜야 할 원칙이라고 보는 것이 더 적절 할 것이다.

정말로 모든 국민이 약속했나

모든 사람은 사회와 국가가 이미 있는 상태에서 태어난다. 사회와 국가 속에서 성장하고 살아가면서 사람들은 많은 사람이 따르는 도덕을 따라 행동하고, 법을 준수한다. 그렇게 하는 것이 자신에게 안전과 이익을 가져다줄 것이기 때문이다. 그러나 사람들은 대부분 자신이 직접 그런 도덕과 법을 만들고 사회나 국가를 만들기 위해 약속하거나 계약한 적이 없다고 생각하기 때문에, 때로는 그런 도덕과 법에 따라 행동할 것을 거부하고, 왜 따라야 하는지 의심하기도 한다. 특히 자신에게 강제되는 도덕과 법이 자신의 가치 판단과 이익에 맞지 않을 때 거부와 의심은 더 강하게 나타난다. 자신의 가치 판단과 이익을 선택할 자유 의지가 침해받는다고 생각하기 때문이다.

이와 달리, 누구나 도덕과 법을 만드는 데에 참여하고 있다고 생각할 수도 있다. 또 사실 그동안의 삶에서 수많은 사회계약의 상황과 사회계약을 경험했다고도 할 수 있다. 물론 사회계약 사상가들이 말하는 사회계약과 똑같은 것은 아니다. 그러나 사회와 국가의 규모를 작게 생각하면, 어느 사회에도 그것을 만든 목적과 방법(과정)이 있으며 그것을 만든 목적과 방법 그리고 그것을 움직이는 힘이 있고 힘을 대리하는 조직이 있다는 것을 알 수 있다. 회사·학교·동아리·친목회·가족·친족 사회 등 거의 모든 사회에는 명시적이건 묵시적이건 그 사회를 움직이는 힘과 조직이 있을 수밖에 없다. 자유 의지에 따라 선택해서 가입하고 그 힘과 조직에 참여했건 아니건, 누구나 다른 사람과 수없이 많은 약속을 하고 행동했으며, 규칙을 정하고 따르는 과정에 참여한 경험을 가질 수밖에 없다. 그런 경험이 국민 전체가 아니라 상대적으로 적은 수의 사람을 대상으로 또 상대적으로 단기간에 적용되는 것이었기에, 사회를 만들고 유지하는 과정이라고 인식하지 못했을 가능성이 크다. 그래서 사회계약에 참여한 적이 없고 도덕과 법을 만드는 데에 관여한 적이 없다고 생각하게 되는 것이다.

4장에서 언급한 것처럼, 도덕과 법은 사람들의 관계를 형성하고 유지할 때 따라야 할 행동 규칙에 관한 암묵적·명시 약속의 침전물과 같다. 도덕은 자기애와 본성의 작동을 통해 타인 및 사물에 대해 인식한 판단, 선택, 선호 등과 그것이 말과 행동으로 드러난 습관, 예절, 관행, 관습을 총칭하고, 습관에서 관습으로 나아갈수록 그 적용 범위와 규범성이 넓어지고 강화되며, 관행과 관습은 소위 '전통'(tradition)이라 불리기도 하는 도덕 규범의 원천이자 동시에 도덕 규범의 규율 대상이 된다. 법은 이런 전통을 바탕으로 규정된다. 그래서 사람은 누구나 도덕과 법을 매개로 타인과 사물에 대한 관계를 형성·유지·소멸하며 삶을 영위함으로써 사회 속의 인간이 되며, 이 과정에서 자신과 타인의 판단, 선택, 선호와 습관, 예절, 관행, 관습 및 법을 만들고 공유하는 데에 관여한다고 할 수 있다. 그러나 동시에 타인과 사물에 대한 관계를 형성·유지·소멸하는 과정에서 자신의 습관과 예절을 따라 행동하느냐 아니면 사회에서 통용되는 관행과 관습을 따라 행동하느냐를 결정해야 하는 순간에 놓이기도 한다. 전자는 개인의 판단, 선택, 선호가 강하게 반영된다는 점에서 주관성, 개별성, 현재성을 지니지만, 후자는 오랫동안 많은 사람에 의해 지켜졌다는 점에서 객관성, 보편성, 역사성을 지닌다.

타인과 관계를 형성하고 유지하려 할 때, 전자보다는 후자를 선택하는 것이 더 유리할 것이 분명하다. 전자를 따를 때 한두 사람이라면 몰라도 그 이상의 많은 사람이 그 사람의 습관과 예절을 따를 가망성은 후자를 따를 때 보다 훨씬 적을 것이기 때문이다. 그래서 사람들은 대부분이 타인과의 관계를 형성하고 유지할 때, 자신이 속한 사회에서 공유되고 준수되는 '전통'을 따라 행동하고 또 그렇게 행동할 것을 서로에게 요구하는 것이다. 이처럼 사회에서 공유되고 준수되는 도덕과 법을 따랐을 때 각자는 암묵적이건 명시적이건 그 사회의 약속에 '동의'한 것이며, 자신이 직접 약속을 만들지 않았더라도 주어진 약속에 동의함으로써 약속의 당사자가 되는 것이다.

물론, 앞에서 언급한 것처럼, 도덕과 법은 인구 증가와 변화, 삶의 조건의 개선과 변화에 맞춰 변한다. 이런 변화의 정도와 속도로 인해 도덕과 법의 현실 규범력에 간극이 생겨난다. 이런 간극이 크면 클수록 기존의 도덕과 법에 대한 사람들의 동의가 약해지고, 도덕과 법의 현실 규범력과 사람들의 동의가 약해질수록 도덕과 법의 변화와 개정에 대한 압력이 커진다. 나아가 이런 압력이 크면 클수록, 도덕은 암묵적이나 실질적으로 변하고, 법은 명시적이나 때로는 정치적으로 커다란 사건을 겪어야만 개정되거나 대체될 수 있다. 특히 국가의 근본적인 질서를 변화시키는 법의 개정이 이루어질 때는 정치적·사회적 진통을 수반하는 사회계약의 상황에 놓이기도 한다. 굳이 프랑스 혁명, 미국 독립, 필리핀의 '인민의 힘(people's power)'을 예로 들지 않더라도, 우리는 이미 제헌의회(1948), 4·19혁명(1960), 6·10민주화운동(1987) 등 사회계약을 요구하는 수준의 정치사를 경험한 바 있다.

이런 경험은 국민 전체와 전체의 관계를 규율하는 근본법인 헌법을 새롭게 제정하거나 개정할 때의 상황과 맞물려 있다. 비록 모든 국민이 헌법 개정안을 마련하는 일에 직접 참여하는 것은 아니지만 그것을 확정할 최종적인 권한을 지니기에, 만약 국민 투표로 통과되었다면 국민 모두가 그 법을 지킬것을 약속했다고 간주할 수 있다. 국민투표에 참여하지 않은 사람과 참여했더라도 반대한 사람이 있기 마련이나, 투표에 참여했다면 적어도 다수결의 원칙을 따를 것에 동의했다고 볼 수 있기 때문이다.

고대 그리스의 아테네 민주정에서도, 또 로마 공화정에서도 시민 모두가 참여해서 만장일치로 법을 결정하는 것은 불가능했다. 근대에 발달한 도시의 시민 의회에서도 모든 시민이 참석해서 만장일치로 법을 통과시키는 것은 불가능했다.

18~19세기에 대의제 민주주의가 대두한 것이 인구 규모만 고려한 것은 아니지만, 인구 규모는 간과할 수 없는 사안인 것은 분명하다. 프랑스 혁명 때 프랑스의 인구는 약 3,000만 명 정도였고, 주변 국가들의 인구는 200만~300만 수준이었다. 미국이 독립할 때 인구는 약 1,600만 명이었다. 동시대 우리나라 인구는 1,000만 명을 넘는 수준이었고, 1920년대 초에나 2,000만 명에 이르게 된다. 시민의 수가 약 3만~10만에 이르렀던 아테네 민주정과 로마 공화정(초기)에 비할 수준을 훌쩍 넘었다.

오늘날 대부분의 국가가 사회계약론이 주장되던 17~18세기의 국가들보다 인구나 규모가 훨씬 크기 때문에, 한 가구

당 한사람씩만 참여하게 한다고 하더라도 수천만 명에 이르고, 이들이 한 장소에 모일 수도 없고, 또 모인다고 하더라도 모든 사람이 의견을 표출하는 방식으로 법안의 심의를 진행하는 것은 불가능하다. 그래서 과거와 비교할 수 없을 만큼 인구가 급증한 현대 국가의 대부분에서는 대의제 민주주의를 채택할 수밖에 없다는 생각이 널리 받아들여지고 있다.

대의제는 국민 주권을 실현하기 위한 하나의 제도적 장치이다. 그러나 대의제는 국민 주권을 실현한다는 목적에서 벗어나는 결과를 만들기도 한다. 그것은 의회 의원과 국민 사이에 의견의 차이가 있을 수밖에 없다는 결함에서 생겨난다. 한 사람의 의원이 그를 선출한 수많은 국민의 서로 다른 가치 판단에 근거한 의견과 이익을 모두 법과 정책에 담는 것은 불가능하다. 그를 선출한 국민은 자신의 의견과 이익을 보장하는 법과 정책을 만들 때만 의원과 대의제를 신뢰하고, 그렇지 않을 때는 모두 불신하게 되기 십상이다. 국회의원이 대표자나 대리자여야 하는가에 대한 고민은 이런 문제 때문에 생겨난 것이다.

'대표자'는 그를 선출한 사람의 의견이나 이익에서 벗어나 자신의 독자적인 판단에 따라 법과 정책을 심의하고 의결하는 사람을 가리킨다. '대리자'는 그를 선출한 사람의 의견이나 이익을 나르는 사람을 가리킨다. 예를 들어, 자신이

다니고 싶은 학원과 듣고 싶은 과목을 선택하고 부모가 그 학원에 가서 등록과 수강 신청만 대신하면 부모는 대리자가 된다. 그러나 자식에게 필요하고 도움이 될 학원과 과목을 부모가 선택해서 수강 신청을 하면 부모는 대표자가 된다. 즉, 대리자는 그를 선출한 사람들의 의견과 이익을 단지 전달만 하는 사람이므로, 그런 의견과 이익이 좋은 것인지 아닌지를 스스로 판단해서는 안 되는 반면, 대표자는 그 자신에게 이익이 되는 것이 아니라 그를 선출한 사람들 모두에게 이익이 되는 것을 스스로 판단할 수 있고 그것을 법과 정책에 담을 수 있는 능력을 갖춰야 한다. 그래서 의원이 대리자라면, 국민이 자신들 모두에게 이익이 되는 것이 무엇인지를 판단하고 따를 수 있는 능력을 갖추고 있어야 한다. 그러나 국민 대부분은 헌법·법률과 정책 등에 대해서 잘 알고 있지 못하고, 또 무엇이 자신들에게 좋고 이익이 될지를 언제나 알고 있는 것도 아니다. 자신보다 뛰어난 능력을 지닌 사람의 판단이 자신에게 더 도움이 될 수도 있다. 잘 모르는 것이 있을 때나 무엇이 자신에게 더 좋을지를 결정하기 어려울 때, 부모나 선생님 등 주위 사람들에게 물어보는 것은 그들의 판단이 자신의 판단보다 더 자신에게 도움이 될 수 있기 때문이다.

대표자건 대리자건, 선출된 의원은 국민 전체의 동등한

자유와 평등·공동 이익이 아니라 자신의 사적 이익을 법과 정책에 담을 가능성이 있다는 데서 문제가 생겨난다. 홉스가 설명하고 루소도 인정했듯이, 모든 사람이 지닌 이기적인 마음이 국회의원이 된다고 해서 없어지는 것은 아니기 때문이다. 그래서 의회에서 헌법 개정안을 통과시키거나 법률을 제정 및 개정할 때, 일반 의지가 아니라 자신의 개별 의지나 기껏해야 자신을 선출한 집단의 의지를 나를 수도 있다. 이렇게 되면, '국민이 주권을 빼앗긴 것'에 해당하므로 저절로 사회계약이 파기된 셈이 되며, 국민은 그 법에 복종할 의무가 없어지게 된다. 그러나 헌법과 법률의 제정과 개정이 의원들이나 소수의 국민에게 이익이 되도록 이루어졌다는 것을 증명하기 어려워서, 적법한 절차에 따라 제정되거나 개정된 법이라면 그 법이 다음에 다시 폐지되거나 개정되기까지는, 사회계약이 유지되고 법도 유효하므로 국민은 계속하여 복종할 의무가 있다.

사회계약이 파기되는 것을 막고 만장일치의 어려움을 해결하기 위한 적법한 절차의 하나가 다수결의 원칙이다. 사회계약은 일반 의지에 따라야 하므로 원칙상 만장일치여야 한다. 그러나 사람들의 가치 판단과 이익이 다양하듯이, 의회에서 주장되는 의견과 이익도 다양하므로 만장일치에 이를 수 있는 법을 만들기는 거의 불가능하나, 어떤 식으로든 법은 제정 또는 개정되어야 하므로 다수결의 원칙이 도입된 것이다. 다수결의 원칙은 서로 경쟁하는 의견이 있을 때 더 많은 사람이 찬성하는 것이 더 많은 사람에게 이익을 줄 수 있고, 또 더 많은 사람이 따를 것이라는 생각을 바탕으로 한다. 보통 국회의원 재적 과반수가 참석하고 참석 의원의 과반수가 찬성하면 법률이 통과되지만, 헌법 개정이나 대통령의 탄핵과 같이 중요한 결정은 국회의원 재적 3분의 2 이상의 찬성을 얻어야 통과되도록 하는 특별 정족수가 있다. 법률과 헌법 개정 및 결정에 찬성하지 않은 나머지 의원들은 사회계약을 하지 않은 셈이 되므로, 원칙상 통과된 법과 결정을 따를 의무가 없다고 생각할 수도 있다. 그러나 다수결의 원리에 따를 것에 동의했으므로 따를 것이 요구된다. 이것은 국민에게도 적용된다.

투표로 국민의 뜻을 알 수 있을까

다수결의 원칙을 따름으로써 제도적으로는 사회계약에서 벗어나는 사람(의원, 국민)이 없게 되기는 했지만, 그렇다고 해서 다수결의 원칙이 항상 사회계약의 목적인 동등한 자유, 공동의 힘, 공동 이익을 보장하는 것은 아니다. 다수가 찬성했다고 해서 그 법이 반드시 일반 의지와 일치한다고 할 수 없고, 또 부결된 법을 모두 일반 의지가 아니라고 할 수도 없기 때문이다. 결정적으로, 국회의원 모두가 찬성했다고 하더라도, 그들은 '선출된 소수'이므로 국민 전체가 찬성한 것은 아니기 때문이다. 이것은 몇 명이 찬성하는가가 아니라, 법이 얼마나 동등한 자유, 공동의 힘, 공동 이익을 보장하는지가 기준이 되어야 한다는 것을 말해준다.

이와 같은 이유에서 헌법 제정과 개정은 국민투표를 거치도록 하고 있다. 국민투표는 인민 주권과 사회계약을 확인하는 의미를 지닌다. 또한 국민투표는 선출된 국회의원에 대한 심판의 의미도 지닌다. 의회에서 통과된 헌법안이 국민투표에서 부결될 경우, 국회의원들은 자신들의 의정에 대해서 책임을 져야 한다. 국민의 일반 의지를 잘 반영하지 못했기 때문이다. 이것은 의회에서 헌법안을 심의할 때 정당이나 의원들의 이익이나 특권이 아니라 국민 전체의 관계가 얼마나 동등한 자유, 공동의 힘, 공동 이익을 실현하는 관계로 만드는가를 기준으로 해야 할 뿐만 아니라, 국민 개개인도 헌법안이 얼마나 국민 전체의 관계를 동등한 자유, 공동의 힘, 공동 이익을 실현할 것인가를 기준으로 토론하거나 평가해야 한다는 것을 말해준다. 국민의 충분한 토론과 합의가 없이는, 통과된다고 하더라도 국민투표에 참여하지 않는 사람과 반대표를 던진 국민의 의무를 얻어낼 수 없을 것이기 때문이다.

국회의원·대통령·자치단체장 등 각종 선거에서 우리나라는 단순다수득표제를 실시하고 있다. 단순다수득표제는한 표라도 더 많은 표를 얻은 후보를 당선시키는 제도이다.반면, 절대다수득표제는 과반수 이상의 표를 얻은 후보를당선시키는 것으로서, 1차 투표에서 과반수의 표를 얻은 사람이 없으면 결선 투표를 실시해 절대다수득표자를 선출한다. 절대다수득표제는 번거로움과 비용이 든다는 단점이 있으나 국민의 뜻을 더 반영한다는 장점이 있고, 단순다수득표제는 편리하고 비용이 적다는 장점이 있으나 국민의 뜻이적게 반영된다는 단점이 있다. 가령 후보 3명이 각각 34표,33표, 33표를 얻었을 때 34표를 얻은 후보가 당선되면 나머지 66표는 사표(死票)가 되며, 절대다수의 국민이 원하지 않은 사람이 당선되는 셈이 된다. 또 절대다수득표제도, 1차 선거에서 최다득표자가 결선투표에서 뒤바뀌는 일종의 '투표의 역설' 현상이 나타날 수 있어서 국민의 뜻이 최대한 반영되는 것을 보장하기 어렵다. 현재까지 시도된 어떠한 선거제도도 사표가 생겨나는 것을 피할 수는 없고, 어느 정도 줄일 수 있을 뿐이다. 이것은 투표 제도로는 국민의 뜻을 정확히 파악할 수 없다는 것을 시사한다.

국가 기관, 국회의원, 정당이나 언론 등은 국민의 뜻을 파악하기 위해 투표 외에도 다양한 방법을 시도하고 있다. 공청회·토론회 등을 통해 국민의 뜻을 수렴하기도 하고, 여론 조사를 하기도 한다. 이런 방법들이 투표를 보완해주는 것은 분명하나, 공청회나 토론회에 참석할 사람을 동원하거나 여론 조사의 신빙성이 문제가 될 수 있으므로 그 보완은 제한적일 수밖에 없는 것이 현실이다. 이것은 국가 기관이나 국회의원이 '국민의 뜻'을 운운할 때는 그것이 국민의 동등한 자유, 공동의 힘, 공동 이익을 추구하는 일반 의지가 아니라, 정당의 집단 의지나 의원의 개별 의지에 불과한 것은 아닌지를, 그래서 집단이나 개별 의지를 일반 의지로 둔갑시킨 것은 아닌지를 신중하게 성찰하고 책임질 수 있어야 한다는 것을 시사한다.

국회의원 선거는 입법권을 대리할 사람을 선출하는 것이므로 사회계약의 성격을 지니고, 대통령 선거는 행정권을 대리할 사람을 선출하는 것이므로 통치 계약의 성격을 지닌다. 그러나 선거와 투표에서 국민의 뜻이 모두 반영되기를 기대할 수 없고, 또 국민의 뜻이 일치할 것도 기대할 수 없다. 이런 상황에서 국민이 선택할 수 있는 최선은, 사회계약이건 통치 계약이건 오직 동등한 자유, 공동의 힘, 공동 이익을 기준으로 삼아 법과 행정관에 대해 토론하고, 공청회·여론 조사·선거 등에서 자신의 '자유 의지를 밝히는 행위'를 하는 것이다. 이것이 정치 참여이자 시민이 되는 길이다.

사회계약론의 교훈

루소에 따르면, 사회계약으로 국가를 만든 후에는 의회가 입법권을 행사함으로써 사회계약을 유지하고, 또 의회가 정부를 심판함으로써 통치 계약을 유지하거나 대체한다. 의회가 존속하는 한 사회계약을 해야 할 상황은 생겨나지 않고, 의회를 새롭게 구성할 때나 헌법을 개정할 때를 사회계약의 상황으로 '간주'할 수 있을 뿐이다. 그러나 그렇게 간주하지 않고, 사회계약에 관해 아예 생각하지 않거나 생각한다고 해도 과연 있었는지를 의심하는 것이 보통일 것이다. 그런 의심은 먼저 사회계약론의 바탕을 이루고 있는 자연 상태와 자연인의 가정에서 시작된다. 자연인은 홀로 독립적으로 존재한다고 가정하나, 어떤 사람도 그럴 수 없기 때문이다. 부모와 가족이라는 사회가 있어야 하고, 부족 사회는 아니더라도 적어도 씨족 사회가 그 가족이 사는 곳의 가까운 지역에 있어야 한다. 그리고 가족·씨족 사회가 있다면 도덕과 도덕 질서가 있고 그런 질서를 규율하는 역할을 담당하는 사람이 있기 마련이다. 자연 상태와 사회 상태가 법의 유무로 구분된다는 로크의 생각에 대해서도, 의회에서 통과된 것만 법이 되는 것이 아니라 관습법도 법이므로, 또 어떤 면에서는 관습법을 자연법이라고 생각할 수 있으므로, 씨족 사회나 가족도 사회 상태라고 생각할 수 있다. 자연 상태와 자연인은 불가능한 가정이라는 뜻이다. 또한, 이들은 이미 사회와 도덕 그리고 다른 사람들의 본성·능력 등에 대해서도 알고 있으므로, 롤스의 '원초적 입장'과 '무지의 장막'도 사실상 불가능한 가정이 된다.

이런 생각에서 두 번째 의심이 생겨난다. 사람들은 이미 서로에 대해 알고 있어서, 사회계약의 상황이 있었다고 해도 자유롭고 평등한 관계를 담을 수는 없었을 것이며, 오히려 이미 알고 있는 능력·재산·신분 등이 반영된 불평등한 관계에서 사회계약을 하는 것이 더 자연적이고 현실적이라는 의심이다. 씨족 회의에서 관습이나 공공의 일에 관해 결정할 때 씨족 구성원의 의견은 나이·혈연관계·재산 등에 따라 그 가중치가 달라서, 겉으로는 자유롭고 평등한 관계에서 사회계약이 이루어지는 것으로 보여도 속으로는 동등하지 않은 자유와 불평등한 관계에서 이루어진다는 뜻이다.

이런 생각은 세 번째 의심의 바탕이 된다. 고대 그리스와 로마는 물론 중세와 근대의 국가 어디에서도 의회가 자유롭고 평등한 국민의 관계를 반영해서 구성된 적이 없다는 사실에 기초해서, 사회계약이 국민의 관계를 자유롭고 평등하게 만들기 위한 것임을 의심하게 한다. 고대 그리스와 로마의 원로원·평민회 등의 의원이 될 수 있었던 사람은 귀족이나 부유한 사람들이었기 때문이다. 그리고 왕으로부터 자치권을 인정받았던 근대의 도시에서도 부유한 계층이 (도시)국가 권력을 독점했다는 사실을 생각할 때, 의회의 의원들이 국민 전체를 자유롭고 평등한 관계로 만드는 사회계약과 입법 활동을 했다고 보기도 어렵다. 의원내각제를 낳은 영국 의회도 귀족의 회의(상원)에서 시작했고, 한참 뒤에 이에 대항하기 위해 평민들이 만든 의회(하원)가 생겨서 오늘의 양원제가 되었다는 사실이 이런 생각을 뒷받침한다.

20세기에 들어 민주주의를 채택한 국가에서도 의회 구성에 사회의 신분이 반영되었으며, 당시의 도덕을 반영해서 법을 만들었다고 할 수 있다. 헌법에 국민 전체의 관계를 자유롭고 평등한 관계로 만드는 동등한 자유, 공동의 힘, 공동 이익을 실현하는 조항들이 있더라도 의회의 입법은 기존의 도덕에 의해 제한되었으며, 의원들의 사적 이익과 특권을 반영한 법을 만들기도 했다는 것이다. 어떤 학자는 민주주의 정체가 보여주는 이런 현상을 '엘리트에 의한 통치'라고 주장하고, 선거는 엘리트를 교체하는 것에 불과하다고 지적하기도 했다. 이런 주장을 '정치엘리트론'이라고 한다. 이런 생각은 권력과 재산에서 불평등이 심화된 국가일수록 설득력이 더 크다. 또한 고대로부터 현재까지, 서양이나 동양을 막론하고 도덕과 법으로부터 동등한 자유, 공동의 힘, 공동 이익의 혜택을 받지 못해온 것을 피부로 느끼고 있는 여성들에게, 사회계약은 현실을 감추기 위해 심어놓은 위장에 불과한 것으로 비춰질 수도 있다. 오늘날의 국가가, 민주주의가 사회계약을 바탕으로 하고 있다면, 계약 당사자의 절반을 차지하고 있는 여성들이 과연 도덕과 법으로부터 동등한 자유, 공동의 힘, 공동 이익의 혜택을 받는 자유롭고 평등한 관계를 누리고 있는지 의심스러운 것이 사실이다.

이런 의심들이 설득력이 없는 것은 아니다. 그러나 그렇다고 해서 사회계약론이 아무 소용이 없다는 것도 아니다. 이런 의심들은 오늘날의 민주주의가 동등한 자유, 공동의 힘, 공동 이익을 추구하는 국가를 운영하고 있는지에 대한 성찰을 촉구한다는 점에서 수용할 수 있다. 그리고 사회계약론이 인민 주권을 국가 창설의 원리로 확립함으로써 국가들이 민주주의를 표방하게 한 것은 분명한 사실이며, 또 헌법·법률 등의 입법과 의원이나 대통령 선거를 반복해서 개선함으로써, 국민의 관계를 여전히 부족하나 과거보다는 훨씬 더 올바르고 공정한 관계가 되도록 변화시켰다는 것도 분명한 사실로서 수용해야 할 것이다.

　이보다 더 중요한 것은, 사회계약론이 우리의 가슴에 인민 주권, 자유와 평등, 공동 이익과 공동의 힘이라는 생각을 심어줌으로써, 국민이 행정부나 의회에 대해 적극적으로 참여해서 자신들의 의견을 반영하게 하고, 동등한 자유, 공동의 힘, 공동 이익을 빼앗아 국민 주권을 찬탈하려는 시도에 대해 저항하려는 생각과 힘을 정당화해주고 있다는 사실이다. 이런 사실이 도덕·법·국가가 동등한 자유, 공동의 힘, 공동 이익을 실현해서 국민을 자유롭고 평등한 관계로 만드는지 아닌지는 다른 누구도 아닌 바로 우리 자신의 손에 달려 있다는 것을 상기하게 해준다. 루소가 살아있다면, 아마도 '모든 국가는 사회계약론에 따라 좋게 만들어졌으나, 국민의 손에서 타락할 수 있다'고 경고하면서, 국민 스스로 자신들의 관계를 자유롭고 평등하게 만드는 도덕과 법을 만들라고 독려했을 것이다. 그것이 국민 모두가 인간이자 시민으로서 즐겁고 행복한 삶을 살 수 있는 최선의 길이기 때문이다.

행복한 시민이 되기

인간으로의 여행 속에서 '나 자신으로의 여행'을 경험한 사람은 시민이 될 준비를 마친 셈이다. 그 경험은 사람의 본성, 사회의 기원과 발달, 그리고 사회계약과 국가에 대한 이해와 다른 사람과 관계를 맺으려는 마음과 자세에 대한 느낌과 인식으로 이루어져 있을 것이다. '이해'했다는 것은 사람들이 사회계약이라는 약속을 통해 서로 관계를 맺음으로써 사회와 국가가 생겨난다는 것을 깨달았다는 것을 뜻하고, '느낌과 인식'을 가졌다는 것은 다른 사람과 자유롭고 평등한 관계를 맺으려는 행동을 기꺼이 할 수 있다는 것을 뜻할 것이다. 이런 '이해'와 '느낌과 인식'의 바탕에는 '나'의 정체성이 있을 것이기에 행동에 더 큰 힘이 실릴 것이다. 이렇게 인간이 되었기에 시민이 될 준비가 끝난 것이다.

다음 걸음은 시민의 역할을 이해하고 행동함으로써 시민이 되는 것이다. 인간이 약속으로 사회와 도덕을 만들어 유지한다면, 시민은 사회계약으로 국가와 법을 만들어 유지한다. 인간이 사회와 구별되지 않듯이, 전체 시민은 국가와 구별되지 않는다. 이것은 시민 각자가 국가의 한 부분이라는 것을 말해주므로, 시민의 역할은 국가의 부분으로서 주어지는, 전체 시민에 대한 권리이자 의무를 다하는 것을 가리킨다고 할 수 있다.

그래서 시민의 역할은 크게 두 가지로 구분될 수 있다. 하나는 권리에 해당하는 것으로서, 국가 권력, 즉 주권을 형성하고 행사하는 데 말과 행동으로 참여하는 것이다. 다른 하나는 의무에 해당하는 것으로서, 시민 전체의 관계를 올바르고 공정하게 형성하고 유지하는 일에 참여하는 것이다. 여기서 중요한 것은, 권리를 행사할 때는 그런 권리로부터 자신에게 주어질 의무를 다할 수 있는지를 먼저 생각해야 한다는 것이다. 많은 사람이 권리만을 행사하고 의무를 지키지 않으면, 국가를 만들 수는 있어도 유지하기는 힘들 것이기 때문이다. 서로에게 약속을 지킬 것을 요구하면서 자신은 약속을 지키지 않으려 하면 약속하지 않은 것이 되듯이, 권리만 주장하고 의무를 수행하지 않으면 권리도 보호받지 못하는 것이다.

의무에 기초해서 권리를 행사하는 것은 행복한 시민이 되는 길이기도 하다. 약속을 지킴으로써 이익을 얻어 삶을 즐겁게 할 수 있듯이, 의무를 다해야 이익을 얻어 즐거운 삶을 살 수 있을 것이다. 시민 모두가 주어진 권리와 의무를 다함으로써 시민 전체가 이익을 얻게 될 때 모두가 행복한 시민이 될 수 있는 것이다. 그래서 행복한 시민이 되려면 시민 전체에게 이익이 되는 것, 모든 사람에게 즐거움을 줄 수 있는 것이 무엇인지를 판단하고 선택할 수 있어야 한다. 그런 판단과 선택은 자신의 본성에서 나오지만 다른 사람과의 관계에서 조정된 것이어야 한다. 이것이 권리보다 의무를 먼저 생각해야 한다는 말의 진정한 의미이다.

국가의 구성원 모두가 서로에게 인간이 되기를 원하고 또 인간일 수 있는 관계를 만들고 유지할 때, 시민이 되는 것과 행복한 삶은 동의어가 될 것이다.

참고문헌

강정인·김용민·황태연, 『서양 근대 정치사상사: 마키아벨리에서 니체까지』, 책세상, 2007.

김용민 외, 『루소, 정치를 논하다』, 이학사, 2017.

김용민, 『루소의 정치철학』, 인간사랑, 2004.

록크, 존, 이극찬 옮김, 『시민정부론』, 연세대학교 출판부, 2004.

롤즈, 존, 황경식 옮김, 『사회정의론』, 서광사, 1985.

루소, 장 자크, 권응호 옮김, 『에밀』, 홍신문화사, 2000.

_____, 주경복·고봉만 옮김, 『인간불평등기원론』, 책세상, 2003.

_____, 진인혜 옮김, 『루소, 장 자크를 심판하다: 대화』, 책세상, 2012.

_____, 홍승오 옮김, 『고백록』, 동서문화사. 1974.

_____, 김영욱 옮김, 『사회계약론 장-자크 루소』, 후마니타스, 2017.

_____, 박호성 옮김, 『사회계약론, 코르시카헌법구상, 정치경제론, 생피에르 영구평화안 발췌, 생피에르 영구평화안 비판』, 책세상, 2015.

마키아벨리, 강정인·안선재 옮김, 『로마사 논고』, 한길사, 2007.

마키아벨리·홉스, 임명방·한승조 옮김, 『군주론/리바이어던』, 삼성출판사, 1994.

마티작, 필립, 박기영 옮김, 『로마공화정』, 갑인공방, 2004.

몽테스키외, 하재홍 옮김, 『법의 정신』, 동서문화사, 2013.

아리스토텔레스, 이창우·김재홍·강상진 옮김, 『니코마코스 윤리학』, 이제이북스, 2007.

오수웅, 『루소의 도덕철학: 인성교육을 위하여』, 박영스토리, 2018.

전경옥 외, 『서양 고대·중세 정치사상사』, 책세상, 2011.

조긍호·강정인, 『사회계약론 연구: 홉스·로크·루소를 중심으로』,

서강대학교 출판부, 2012.

플라톤, 박종현 옮김, 『국가: 정체』, 서광사, 1997.

____, 박종현·김영균 옮김, 『티마이오스』, 서광사, 2000.

Aristotle, *The Complete Works of Aristotle* (Edited by Jonathan Barnes), Princeton University Press, 1984.

_____, *The Politics* (Edited by Stephen Everson), Cambridge University Press, 1988.

Bentham, Jeremy. *An Introduction to The Principles of Morals and Legislation* (Edited by J.H. Burns & L.A. Hart), Oxford University Press, 1996.

Cassirer, Ernst, *An Essay on Man: An Introduction to a Philosophy of Human Culture*, Yale University Press, 1944.

Cooper, Laurence D., *Rousseau, Nature and the Problem of the Good Life*, The Pennsylvania State University Press, 1999.

Ehrenberg, Victor, *The Greek State*, W.W. Norton & Company, INC., 1964.

Hegel, G.W.E., *Philosophy of Right* (Translated by S.W. Dyde), Prometheus Books, 1996.

Hobbes, Thomas, *Leviathan*, Oxford University Press, 1996.

_____, *On the Citizen* (Translated by Richard Tuck & Michael Silverthorne), Cambridge University Press, 1998.

Locke, John, *Two Treatise of Civil Government* (Edited by Mark Goldie), Everyman, 1993.

Plato, *Lysis, Symposium, Gorgias* (Translated by W.R.M. Lamb), Harvard University Press, 1925.

____, *PLATO: Complete Works* (Edited by John M. Cooper), Hackett Publishing Company, 1997.

____, *The Republic of Plato* (Translated by Allan Bloom), Basic Books Inc., 1968.

Rousseau, Jean Jacques, *Emile or On Education, including Emile and Sophie or the Solitaries* in *The Collected Writings of Rousseau*

Vol.13 (Translated and edited by Christopher Kelly and Allan Bloom), University Press of New England, 2005.

_____, *La Nouvelle Héloïse: Julie, or The New Eloise* (Edited by Judith H. McDowell), The Pennsylvania State University Press, 1968.

_____, *Oeuvres Complètes* I-IV (Edited by Bernard Gagnebein & Marcel Raymond), Gallimard, 1959-1969.

_____, *Rousseau, Judge of Jean-Jacques: Dialogues* in *The Collected Writings of Rousseau* Vol.1 (Edited by Judith R. Bush, Christopher Kelly & Roger Masters), University Press of New England, 1990.

_____, *Social Contract, Discourse on the Virtue Most Necessary for a Hero, Political Fragments, and Geneva Manuscript* in *The Collected Writings of Rousseau* Vol.4 (Edited by Roger D. Masters and Christopher Kelly), University Press of New England, 1994.

_____, *The First and Second Discourses and The Essay on the Origin of Language* (Edited by Victor Gourevitch), Harper & Row, 1986.

_____, *The Confession* (Translated by J.M. Cohen), Penguin Books, 1953.

Tuck, Richard, *Natural Rights Theories: Their Origin and Development*, Cambridge University Press, 1979.

Cassell's New Latin-English, English-Latin Dictionary, Cassell & Company LTD., 1959.

Dictionnaire de L'Acadélmie Française, Septiéme Édition, Libraire de Firmin-Didot et Imprimeurs de L'institut de France, 1878.

Dictionnaire Latin Françtais, Hachette, 1934.

프랑스엔 〈크세주〉, 일본엔 〈이와나미 문고〉, 한국에는 〈살림지식총서〉가 있습니다.

📖 전자책 | 🔍 큰글자 | 🔊 오디오북

001 미국의 좌파와 우파 | 이주영 📖 🔍
002 미국의 정체성 | 김형인 📖 🔍
003 마이너리티 역사 | 손영호 📖
004 두 얼굴을 가진 하나님 | 김형인 📖
005 MD | 정욱식 📖 🔍
006 반미 | 김진웅 📖
007 영화로 보는 미국 | 김성곤 📖 🔍
008 미국 뒤집어보기 | 장석정
009 미국 문화지도 | 장석정
010 미국 메모랜덤 | 최성일
011 위대한 어머니 여신 | 장영란 📖 🔍
012 변신이야기 | 김선자 📖
013 인도신화의 계보 | 류경희 📖 🔍
014 축제인류학 | 류정아 📖
015 오리엔탈리즘의 역사 | 정진농 📖 🔍
016 이슬람 문화 | 이희수 📖 🔍
017 살롱문화 | 서정복 📖
018 추리소설의 세계 | 정규웅 🔍
019 애니메이션의 장르와 역사 | 이용배 📖
020 문신의 역사 | 조현설 📖
021 색채의 상징, 색채의 심리 | 박영수 📖 🔍
022 인체의 신비 | 이성주 📖 🔍
023 생물학무기 | 배우철 📖
024 이 땅에서 우리말로 철학하기 | 이기상
025 중세는 정말 암흑기였나 | 이경재 📖 🔍
026 미셸 푸코 | 양운덕 📖
027 포스트모더니즘에 대한 성찰 | 신승환 📖 🔍
028 조폭의 계보 | 방성수
029 성스러움과 폭력 | 류성민 📖
030 성상 파괴주의와 성상 옹호주의 | 진형준 📖
031 UFO학 | 성시정 📖
032 최면의 세계 | 설기문 📖
033 천문학 탐구자들 | 이면우
034 블랙홀 | 이충환 📖
035 법의학의 세계 | 이윤성 📖 🔍
036 양자 컴퓨터 | 이순칠 📖
037 마피아의 계보 | 안혁 📖 🔍
038 헬레니즘 | 윤진 📖
039 유대인 | 정성호 📖
040 M. 엘리아데 | 정진홍 📖
041 한국교회의 역사 | 서정민 📖
042 야훼와 바알 | 김남일 📖
043 캐리커처의 역사 | 박창석
044 한국 액션영화 | 오승욱 📖
045 한국 문예영화 이야기 | 김남석 📖
046 포켓몬 마스터 되기 | 김윤아 📖

047 판타지 | 송태현 📖
048 르 몽드 | 최연구 📖 🔍
049 그리스 사유의 기원 | 김재홍 📖
050 영혼론 입문 | 이정우
051 알베르 카뮈 | 유기환 📖 🔍
052 프란츠 카프카 | 편영수 📖
053 버지니아 울프 | 김희정 📖
054 재즈 | 최규용 📖 🔍
055 뉴에이지 음악 | 양한수 📖
056 중국의 고구려사 왜곡 | 최광식 📖 🔍
057 중국의 정체성 | 강준영 📖 🔍
058 중국의 문화코드 | 강진석 🔍
059 중국사상의 뿌리 | 장현근 📖 🔍
060 화교 | 정성호 📖
061 중국인의 금기 | 장범성 📖
062 무협 | 문현선 📖
063 중국영화 이야기 | 임대근 📖
064 경극 | 송철규 📖
065 중국적 사유의 원형 | 박정근 📖 🔍
066 수도원의 역사 | 최형걸 📖
067 현대 신학 이야기 | 박만 📖
068 요가 | 류경희 📖 🔍
069 성공학의 역사 | 정해윤 📖
070 진정한 프로는 변화가 즐겁다 | 김학선 📖 🔍
071 외국어 직접투자 | 송의달
072 지식의 성장 | 이한구 📖
073 사랑의 철학 | 이정은 📖
074 유교문화와 여성 | 김미영 📖
075 매체 정보란 무엇인가 | 구연상 📖
076 피에르 부르디외와 한국사회 | 홍성민 📖
077 21세기 한국의 문화혁명 | 이정덕
078 사건으로 보는 한국의 정치변동 | 양길현 📖 🔍
079 미국을 만든 사상들 | 정경희 📖 🔍
080 한반도 시나리오 | 정욱식 📖 🔍
081 미국인의 발견 | 우수근 📖
082 미국의 거장들 | 김홍국 📖
083 법으로 보는 미국 | 채동배
084 미국 여성사 | 이창신 📖
085 책과 세계 | 강유원 📖
086 유럽왕실의 탄생 | 김현수 📖 🔍
087 박물관의 탄생 | 전진성 📖
088 절대왕정의 탄생 | 임승휘 📖 🔍
089 커피 이야기 | 김성윤 📖 🔍
090 축구의 문화사 | 이은호
091 세기의 사랑 이야기 | 안재필 📖
092 반연극의 계보와 미학 | 임준서 📖

093 한국의 연출가들 | 김남석 📖
094 동아시아의 공연예술 | 서연호 📖
095 사이코드라마 | 김정일
096 철학으로 보는 문화 | 신응철 📖 🔎
097 장 폴 사르트르 | 변광배 📖
098 프랑스 문화와 상상력 | 박기현 📖
099 아브라함의 종교 | 공일주 📖
100 여행 이야기 | 이진홍 📖 🔎
101 아테네 | 장영란 📖 🔎
102 로마 | 한형곤 📖
103 이스탄불 | 이희수 📖
104 예루살렘 | 최창모 📖
105 상트 페테르부르크 | 방일권 📖
106 하이델베르크 | 곽병휴 📖
107 파리 | 김복래 📖
108 바르샤바 | 최건영 📖
109 부에노스아이레스 | 고부안 📖
110 멕시코 시티 | 정혜주 📖
111 나이로비 | 양철준 📖
112 고대 올림픽의 세계 | 김복희 📖
113 종교와 스포츠 | 이창익 📖
114 그리스 미술 이야기 | 노성두 📖
115 그리스 문명 | 최혜영 📖
116 그리스와 로마 | 김덕수 📖
117 알렉산드로스 | 조현미 📖
118 고대 그리스의 시인들 | 김헌 📖
119 올림픽의 숨은 이야기 | 장원재 📖
120 장르 만화의 세계 | 박인하 📖
121 성공의 길은 내 안에 있다 | 이숙영 📖 🔎
122 모든 것을 고객중심으로 바꿔라 | 안상헌 📖
123 중세와 토마스 아퀴나스 | 박주영 📖 🔎
124 우주 개발의 숨은 이야기 | 정홍철 📖
125 나노 | 이영희 📖
126 초끈이론 | 박재모 · 현승준 📖
127 안토니 가우디 | 손세관 📖 🔎
128 프랭크 로이드 라이트 | 서수경 📖
129 프랭크 게리 | 이일형 📖
130 리차드 마이어 | 이성훈 📖
131 안도 다다오 | 임채진 📖
132 색의 유혹 | 오수연 📖
133 고객을 사로잡는 디자인 혁신 | 신언모 📖
134 양주 이야기 | 김준철 📖 🔎
135 주역과 운명 | 심의용 📖
136 학계의 금기를 찾아서 | 강성민 📖 🔎
137 미 · 중 · 일 새로운 패권전략 | 우수근 📖 🔎
138 세계지도의 역사와 한반도의 발견 | 김상근 📖 🔎
139 신용하 교수의 독도 이야기 | 신용하 🔎
140 간도는 누구의 땅인가 | 이성환 📖
141 말리노프스키의 문화인류학 | 김용환 📖
142 크리스마스 | 이영제
143 바로크 | 신정아 📖
144 페르시아 문화 | 신규섭 📖
145 패션과 명품 | 이재진 📖
146 프랑켄슈타인 | 장정희 📖

147 뱀파이어 연대기 | 한혜원 📖 🔊
148 위대한 힙합 아티스트 | 김정훈 📖
149 살사 | 최명호
150 모던 걸, 여우 목도리를 버려라 | 김주리 📖
151 누가 하이카라 여성을 데리고 사누 | 김미지 📖
152 스위트 홈의 기원 | 백지혜 📖
153 대중적 감수성의 탄생 | 강심호 📖
154 에로 그로 넌센스 | 소래섭 📖
155 소리가 만들어낸 근대의 풍경 | 이승원 📖
156 서울은 어떻게 계획되었는가 | 염복규 📖 🔎
157 부엌의 문화사 | 함한희 📖
158 칸트 | 최인숙 📖
159 사람은 왜 인정받고 싶어하나 | 이정은 📖 🔎
160 지중해학 | 박상진 📖
161 동북아시아 비핵지대 | 이삼성 외
162 서양 배우의 역사 | 김정수
163 20세기의 위대한 연극인들 | 김미혜 📖
164 영화음악 | 박신영 📖
165 한국독립영화 | 김수남 📖
166 영화와 샤머니즘 | 이종승 📖
167 영화로 보는 불륜의 사회학 | 황혜진 📖
168 J.D. 샐린저와 호밀밭의 파수꾼 | 김성곤 📖
169 허브 이야기 | 조태동 · 송진희 📖 🔎
170 프로레슬링 | 성민수 📖
171 프랑크푸르트 | 이기식 📖
172 바그다드 | 이동은 📖
173 아테네인, 스파르타인 | 윤진 📖
174 정치의 원형을 찾아서 | 최자영 📖
175 소르본 대학 | 서정복 📖
176 테마로 보는 서양미술 | 권용준 📖
177 칼 마르크스 | 박영균
178 허버트 마르쿠제 | 손철성 📖
179 안토니오 그람시 | 김현우 📖
180 안토니오 네그리 | 윤수종 📖
181 박이문의 문학과 철학 이야기 | 박이문 📖 🔎
182 상상력과 가스통 바슐라르 | 홍명희 📖
183 인간복제의 시대가 온다 | 김홍재
184 수소 혁명의 시대 | 김미선 📖
185 로봇 이야기 | 김문상 📖
186 일본의 정체성 | 김필동 📖 🔎
187 일본의 서양문화 수용사 | 정하미 📖 🔎
188 번역과 일본의 근대 | 최경옥 📖
189 전쟁국가 일본 | 이성환 📖
190 한국과 일본 | 하우봉 📖
191 일본 누드 문화사 | 최유경 📖
192 주신구라 | 이준섭
193 일본의 신사 | 박규태 📖
194 미야자키 하야오 | 김윤아 📖 🔊
195 애니메이션으로 보는 일본 | 박규태 📖
196 니지털 에듀테인먼트 스토리텔링 | 강심호 📖
197 디지털 애니메이션 스토리텔링 | 배주영 📖
198 디지털 게임의 미학 | 전경란 📖
199 디지털 게임 스토리텔링 | 한혜원 📖
200 한국형 디지털 스토리텔링 | 이인화 📖

201 디지털 게임, 상상력의 새로운 영토 | 이정엽 🔊
202 프로이트와 종교 | 권수영 📖
203 영화로 보는 태평양전쟁 | 이동훈 📖
204 소리의 문화사 | 김토일 📖
205 극장의 역사 | 임종엽 📖
206 뮤지엄건축 | 서상우 📖
207 한옥 | 박명덕 📖🔎
208 한국만화사 산책 | 손상익
209 만화 속 백수 이야기 | 김성훈 📖
210 코믹스 만화의 세계 | 박석환 📖
211 북한만화의 이해 | 김성훈 · 박소현
212 북한 애니메이션 | 이대연 · 김경임
213 만화로 보는 미국 | 김기홍
214 미생물의 세계 | 이재열 📖
215 빛과 색 | 변종철 📖
216 인공위성 | 장영근 📖
217 문화콘텐츠란 무엇인가 | 최연구 📖🔎
218 고대 근동의 신화와 종교 | 강성열 📖
219 신비주의 | 금인숙 📖
220 십자군, 성전과 약탈의 역사 | 진원숙
221 종교개혁 이야기 | 이성덕 📖
222 자살 | 이진홍 📖
223 성, 그 억압과 진보의 역사 | 윤가현 📖🔎
224 아파트의 문화사 | 박철수 📖
225 권오길 교수가 들려주는 생물의 섹스 이야기 | 권오길 📖
226 동물행동학 | 임신재 📖
227 한국 축구 발전사 | 김성원 📖
228 월드컵의 위대한 전설들 | 서준형
229 월드컵의 강국들 | 심재희
230 스포츠마케팅의 세계 | 박찬혁
231 일본의 이중권력, 쇼군과 천황 | 다카시로 고이치
232 일본의 사소설 | 안영희 📖
233 글로벌 매너 | 박한표 📖
234 성공하는 중국 진출 가이드북 | 우수근
235 20대의 정체성 | 정성호 📖
236 중년의 사회학 | 정성호 📖🔎
237 인권 | 차병직 📖
238 헌법재판 이야기 | 오호택 📖
239 프라하 | 김규진 📖
240 부다페스트 | 김성진 📖
241 보스턴 | 황선희 📖
242 돈황 | 전인초 📖
243 보들레르 | 이건수 📖
244 돈 후안 | 정동섭 📖
245 사르트르 참여문학론 | 변광배 📖
246 문체론 | 이종오 📖
247 올더스 헉슬리 | 김효원 📖
248 탈식민주의에 대한 성찰 | 박종성 📖🔎
249 서양 무기의 역사 | 이내주 📖
250 백화점의 문화사 | 김인호 📖
251 초콜릿 이야기 | 정한진 📖
252 향신료 이야기 | 정한진 📖
253 프랑스 미식 기행 | 심순철
254 음식 이야기 | 윤진아 📖🔎

255 비틀스 | 고영탁 📖
256 현대시와 불교 | 오세영 📖
257 불교의 선악론 | 안옥선 📖
258 질병의 사회사 | 신규환 📖🔎
259 와인의 문화사 | 고형욱 📖
260 와인, 어떻게 즐길까 | 김준철 📖🔎
261 노블레스 오블리주 | 예종석 📖🔎
262 미국인의 탄생 | 김진웅 📖
263 기독교의 교파 | 남병두 📖🔎
264 플로티노스 | 조규홍 📖
265 아우구스티누스 | 박경숙 📖
266 안셀무스 | 김영철 📖
267 중국 종교의 역사 | 박종우 📖
268 인도의 신화와 종교 | 정광흠
269 이라크의 역사 | 공일주 📖
270 르 코르뷔지에 | 이관석 📖
271 김수영, 혹은 시적 양심 | 이은정 📖🔎🔊
272 의학사상사 | 여인석 📖
273 서양의학의 역사 | 이재담 📖🔎
274 몸의 역사 | 강신익 📖🔎
275 인류를 구한 항균제들 | 예병일 📖
276 전쟁의 판도를 바꾼 전염병 | 예병일 📖
277 사상의학 바로 알기 | 장동민 📖🔎
278 조선의 명의들 | 김호 📖🔎
279 한국인의 관계심리학 | 권수영 📖🔎
280 모건의 가족 인류학 | 김용환
281 예수가 상상한 그리스도 | 김호경 📖
282 사르트르와 보부아르의 계약결혼 | 변광배 📖🔎
283 초기 기독교 이야기 | 진원숙 📖
284 동유럽의 민족 분쟁 | 김철민 📖
285 비잔틴제국 | 진원숙 📖
286 오스만제국 | 진원숙 📖
287 별을 보는 사람들 | 조상호
288 한미 FTA 후 직업의 미래 | 김준성 📖
289 구조주의와 그 이후 | 김종우 📖
290 아도르노 | 이종하 📖
291 프랑스 혁명 | 서정복 📖🔎
292 메이지유신 | 장인성 📖🔎
293 문화대혁명 | 백승욱 📖🔎
294 기생 이야기 | 신현규 📖
295 에베레스트 | 김법모 📖
296 빈 | 인성기 📖
297 발트3국 | 서진석 📖
298 아일랜드 | 한일동 📖
299 이케다 하야토 | 권혁기 📖
300 박정희 | 김성진 📖🔊
301 리콴유 | 김성진 📖
302 덩샤오핑 | 박형기 📖
303 마거릿 대처 | 박동운 📖🔎
304 로널드 레이건 | 김형곤 📖🔊
305 셰이크 모하메드 | 최진영 📖
306 유엔사무총장 | 김정태 📖
307 농구의 탄생 | 손대범 📖
308 홍차 이야기 | 정은희 📖🔎

309 인도 불교사 | 김미숙 📖
310 아힌사 | 이정호
311 인도의 경전들 | 이재숙 📖
312 글로벌 리더 | 백형찬 📖🔍
313 탱고 | 배수경 📖
314 미술경매 이야기 | 이규현 📖
315 달마와 그 제자들 | 우봉규 📖🔍
316 화두와 좌선 | 김호귀 📖🔍
317 대학의 역사 | 이광주 📖
318 이슬람의 탄생 | 진원숙 📖
319 DNA분석과 과학수사 | 박기원 📖
320 대통령의 탄생 | 조지형 📖
321 대통령의 퇴임 이후 | 김형곤
322 미국의 대통령 선거 | 윤용희 📖
323 프랑스 대통령 이야기 | 최연구 📖
324 실용주의 | 이유선 📖
325 맥주의 세계 | 원융희 📖🔊
326 SF의 법칙 | 고장원
327 원효 | 김원명 📖
328 베이징 | 조창완 📖
329 상하이 | 김윤희 📖
330 홍콩 | 유영하 📖
331 중화경제의 리더들 | 박형기 📖
332 중국의 엘리트 | 주장환 📖
333 중국의 소수민족 | 정재남
334 중국을 이해하는 9가지 관점 | 우수근 📖🔍🔊
335 고대 페르시아의 역사 | 유흥태 📖
336 이란의 역사 | 유흥태 📖
337 에스파한 | 유흥태 📖
338 번역이란 무엇인가 | 이향
339 해체론 | 조규형 📖
340 자크 라캉 | 김용수 📖
341 하지홍 교수의 개 이야기 | 하지홍 📖
342 다방과 카페, 모던보이의 아지트 | 장유정 📖
343 역사 속의 채식가 | 이광조 📖
344 보수와 진보의 정신분석 | 김용신 📖🔍
345 저작권 | 김기태 📖
346 왜 그 음식은 먹지 않을까 | 정한진 📖🔍🔊
347 플라멩코 | 최명호
348 월트 디즈니 | 김지영 📖
349 빌 게이츠 | 김익현 📖
350 스티브 잡스 | 김상훈 📖🔍
351 잭 웰치 | 하정필 📖
352 워렌 버핏 | 이민주 📖
353 조지 소로스 | 김성진 📖
354 마쓰시타 고노스케 | 권혁기 📖🔍
355 도요타 | 이우광 📖
356 기술의 역사 | 송성수 📖
357 미국의 총기 문화 | 손영호 📖
358 표트르 대제 | 박지배 📖
359 조지 워싱턴 | 김형곤 📖
360 나폴레옹 | 서정복 🔊
361 비스마르크 | 김장수 📖
362 모택동 | 김승일 📖

363 러시아의 정체성 | 기연수 📖
364 너는 시방 위험한 로봇이다 | 오은 📖
365 발레리나를 꿈꾼 로봇 | 김선혁 📖
366 로봇 선생님 가라사대 | 안동근 📖
367 로봇 디자인의 숨겨진 규칙 | 구신애 📖
368 로봇을 향한 열정, 일본 애니메이션 | 안병욱 📖
369 도스토예프스키 | 박영은 🔊
370 플라톤의 교육 | 장영란 📖
371 대공황 시대 | 양동휴 📖
372 미래를 예측하는 힘 | 최연구 📖🔍
373 꼭 알아야 하는 미래 질병 10가지 | 우정헌 📖🔍🔊
374 과학기술의 개척자들 | 송성수 📖
375 레이첼 카슨과 침묵의 봄 | 김재호 📖🔍
376 좋은 문장 나쁜 문장 | 송준호 📖🔍
377 바울 | 김호경 📖
378 테킬라 이야기 | 최명호 📖
379 어떻게 일본 과학은 노벨상을 탔는가 | 김범성 📖🔍
380 기후변화 이야기 | 이유진 📖🔍
381 샹송 | 전금주
382 이슬람 예술 | 전완경 📖
383 페르시아의 종교 | 유흥태
384 삼위일체론 | 유해무 📖
385 이슬람 율법 | 공일주 📖
386 금강경 | 곽철환 📖
387 루이스 칸 | 김낙중 · 정태용 📖
388 톰 웨이츠 | 신주현 📖
389 위대한 여성 과학자들 | 송성수 📖
390 법원 이야기 | 오호택 📖
391 명예훼손이란 무엇인가 | 안상운 📖🔍
392 사법권의 독립 | 조지형 📖
393 피해자학 강의 | 장규원 📖
394 정보공개란 무엇인가 | 안상운 📖
395 적정기술이란 무엇인가 | 김정태 · 홍성욱 📖
396 치명적인 금융위기, 왜 유독 대한민국인가 | 오형규 📖🔍
397 지방자치단체, 돈이 새고 있다 | 최인욱 📖
398 스마트 위험사회가 온다 | 민경식 📖🔍
399 한반도 대재난, 대책은 있는가 | 이정직 📖
400 불안사회 대한민국, 복지가 해답인가 | 신광영 📖🔍
401 21세기 대한민국 대외전략 | 김기수 📖
402 보이지 않는 위협, 종북주의 | 류현수 📖
403 우리 헌법 이야기 | 오호택 📖
404 핵심 중국어 간체자(簡體字) | 김현정 🔍
405 문화생활과 문화주택 | 김용범 📖
406 미래주의의 대안 | 김세용 · 이재준
407 개방과 폐쇄의 딜레마, 북한의 이중적 경제 | 남성욱 · 정유석 📖
408 연극과 영화를 통해 본 북한 사회 | 민병욱 📖
409 먹기 위한 개방, 살기 위한 핵외교 | 김계동 📖
410 북한 정권 붕괴 가능성과 대비 | 전경주 📖
411 북한을 움직이는 힘, 군부의 패권경쟁 | 이영훈 📖
412 인민의 천국에서 벌어지는 인권유린 | 허만호 📖
413 성공을 이끄는 마케팅 법칙 | 추성엽 📖
414 커피로 알아보는 마케팅 베이직 | 김민주 📖
415 쓰나미의 과학 | 이호준 📖
416 20세기를 빛낸 극작가 20인 | 백승무 📖

417 20세기의 위대한 지휘자 | 김문경 📖 🔍
418 20세기의 위대한 피아니스트 | 노태헌 📖 🔍
419 뮤지컬의 이해 | 이동섭 📖
420 위대한 도서관 건축 순례 | 최정태 📖
421 아름다운 도서관 오디세이 | 최정태 📖
422 롤링 스톤즈 | 김기범 📖
423 서양 건축과 실내디자인의 역사 | 천진희 📖
424 서양 가구의 역사 | 공혜원 📖
425 비주얼 머천다이징&디스플레이 디자인 | 강희수
426 호감의 법칙 | 김경호 📖
427 시대의 지성, 노암 촘스키 | 임기대
428 역사로 본 중국음식 | 신계숙 📖 🔍
429 일본요리의 역사 | 박병학 🔍
430 한국의 음식문화 | 도현신 📖
431 프랑스 음식문화 | 민혜련 📖
432 중국차 이야기 | 조은아 📖 🔍
433 디저트 이야기 | 안호기 📖
434 치즈 이야기 | 박승용 📖
435 면(麵) 이야기 | 김한송 📖
436 막걸리 이야기 | 정은숙 📖
437 알렉산드리아 비블리오테카 | 남태우 📖
438 개헌 이야기 | 오호택 📖
439 전통 명품의 보고, 규장각 | 신병주 📖
440 에로스의 예술, 발레 | 김도윤 📖
441 소크라테스를 알라 | 장영란 📖
442 소프트웨어가 세상을 지배한다 | 김재호 📖
443 국제난민 이야기 | 김철민 📖
444 셰익스피어 그리고 인간 | 김도윤 📖
445 명상이 경쟁력이다 | 김필수 📖
446 갈매나무의 시인 백석 | 이숭원 📖 🔍
447 브랜드를 알면 자동차가 보인다 | 김흥식 📖
448 파이온에서 힉스 입자까지 | 이강영 📖
449 알고 쓰는 화장품 | 구희연 📖 🔍
450 희망이 된 인문학 | 김호연 📖 🔍
451 한국 예술의 큰 별 동랑 유치진 | 백형찬 📖
452 경허와 그 제자들 | 우봉규 📖
453 논어 | 윤홍식 📖 🔍
454 장자 | 이기동 📖 🔍
455 맹자 | 장현근 📖 🔍
456 관자 | 신창호 📖 🔍
457 순자 | 윤무학 📖 🔍
458 미사일 이야기 | 박준복 📖
459 사주(四柱) 이야기 | 이지형 📖 🔍
460 영화로 보는 로큰롤 | 김기범 📖
461 비타민 이야기 | 김정환 📖 🔍
462 장군 이순신 | 도현신 📖 🔍
463 전쟁의 심리학 | 이윤규 📖
464 미국의 장군들 | 여영무 📖
465 첨단무기의 세계 | 양낙규 📖
466 한국무기의 역사 | 이내주 📖 🔍
467 노자 | 임헌규 📖 🔍
468 한비자 | 윤찬원 📖 🔍
469 묵자 | 박문현 📖 🔍
470 나는 누구인가 | 김용신 📖 🔍

471 논리적 글쓰기 | 여세주 📖 🔍
472 디지털 시대의 글쓰기 | 이강룡 🔍
473 NLL을 말하다 | 이상철 📖 🔍
474 뇌의 비밀 | 서유헌 📖 🔍
475 버트런드 러셀 | 박병철 📖
476 에드문트 후설 | 박인철 📖
477 공간 해석의 지혜, 풍수 | 이지형 📖 🔍
478 이야기 동양철학사 | 강성률 📖 🔍
479 이야기 서양철학사 | 강성률 📖 🔍
480 독일 계몽주의의 유학적 기초 | 전홍석 📖
481 우리말 한자 바로쓰기 | 안광희 📖
482 유머의 기술 | 이상훈 📖
483 관상 | 이태룡 📖
484 가상학 | 이태룡 📖
485 역경 | 이태룡 📖
486 대한민국 대통령들의 한국경제 이야기 1 | 이장규 📖 🔍
487 대한민국 대통령들의 한국경제 이야기 2 | 이장규 📖 🔍
488 별자리 이야기 | 이형철 외 📖 🔍
489 셜록 홈즈 | 김재성 📖
490 역사를 움직인 중국 여성들 | 이양자 📖 🔍
491 중국 고전 이야기 | 문승용 📖
492 발효 이야기 | 이미란 📖 🔍
493 이승만 평전 | 이주영 📖 🔍
494 미군정시대 이야기 | 차상철 📖 🔍
495 한국전쟁사 | 이희진 📖 🔍
496 정전협정 | 조성훈 📖 🔍
497 북한 대남 침투도발사 | 이윤규 📖
498 수상 | 이태룡 📖
499 성명학 | 이태룡 📖
500 결혼 | 남정욱 📖 🔍
501 광고로 보는 근대문화사 | 김병희 📖 🔍
502 시조의 이해 | 임형선 📖
503 일본인은 왜 속마음을 말하지 않을까 | 임영철 📖
504 내 사랑 아다지오 | 양태조 📖
505 수프림 오페라 | 김도윤 📖
506 바그너의 이해 | 서정원 📖
507 원자력 이야기 | 이정익 📖
508 이스라엘과 창조경제 | 정성호 📖
509 한국 사회 빈부의식은 어떻게 변했는가 | 김용신 📖
510 요하문명과 한반도 | 우실하 📖
511 고조선왕조실록 | 이희진 📖
512 고구려조선왕조실록 1 | 이희진 📖
513 고구려조선왕조실록 2 | 이희진 📖
514 백제왕조실록 1 | 이희진 📖
515 백제왕조실록 2 | 이희진 📖
516 신라왕조실록 1 | 이희진 📖
517 신라왕조실록 2 | 이희진 📖
518 신라왕조실록 3 | 이희진
519 가야왕조실록 | 이희진 📖
520 발해왕조실록 | 구난희 📖
521 고려왕조실록 1 (근간)
522 고려왕조실록 2 (근간)
523 조선왕조실록 1 | 이성무 📖
524 조선왕조실록 2 | 이성무 📖

525 조선왕조실록 3 | 이성무 🔲
526 조선왕조실록 4 | 이성무 🔲
527 조선왕조실록 5 | 이성무 🔲
528 조선왕조실록 6 | 편집부 🔲
529 정한론 | 이기용 🔲
530 청일전쟁 (근간)
531 러일전쟁 (근간)
532 이슬람 전쟁사 | 진원숙 🔲
533 소주이야기 | 이지형 🔲
534 북한 남침 이후 3일간, 이승만 대통령의 행적 | 남정옥 🔲
535 제주 신화 1 | 이석범
536 제주 신화 2 | 이석범
537 제주 전설 1 | 이석범
538 제주 전설 2 | 이석범
539 제주 전설 3 | 이석범
540 제주 전설 4 | 이석범
541 제주 전설 5 | 이석범
542 제주 민담 | 이석범
543 서양의 명장 | 박기련 🔲
544 동양의 명장 | 박기련 🔲
545 루소, 교육을 말하다 | 고봉만 · 황성원 🔲
546 철학으로 본 앙트러프러너십 | 전인수 🔲
547 예술과 앙트러프러너십 | 조명계 🔲
548 예술마케팅 | 전인수
549 비즈니스상상력 | 전인수
550 개념설계의 시대 | 전인수 🔲
551 미국 독립전쟁 | 김형곤 🔲
552 미국 남북전쟁 | 김형곤 🔲
553 초기불교 이야기 | 곽철환 🔲
554 한국가톨릭의 역사 | 서정민 🔲
555 시아 이슬람 | 유흥태 🔲
556 스토리텔링에서 스토리두잉으로 | 윤주 🔲
557 백세시대의 지혜 | 신현동 🔲
558 구보 씨가 살아온 한국 사회 | 김병희 🔲
559 정부광고로 보는 일상생활사 | 김병희
560 정부광고의 국민계몽 캠페인 | 김병희
561 도시재생이야기 | 윤주 🔲 🔎
562 한국의 핵무장 | 김재엽
563 고구려 비문의 비밀 | 정호섭 🔲
564 비슷하면서도 다른 한중문화 | 장범성
565 급변하는 현대 중국의 일상 | 장시,리우린,장범성
566 중국의 한국 유학생들 | 왕링윈, 장범성 🔲
567 밥 딜런 그의 나라에는 누가 사는가 | 오민석 🔲
568 언론으로 본 정부 정책의 변천 | 김병희
569 전통과 보수의 나라 영국 1-영국 역사 | 한일동
570 전통과 보수의 나라 영국 2-영국 문화 | 한일동
571 전통과 보수의 나라 영국 3-영국 현대 | 김언조
572 제1차 세계대전 | 윤형호
573 제2차 세계대전 | 윤형호
574 라벨로 보는 프랑스 포도주의 이해 | 전경준
575 미셸 푸코, 말과 사물 | 이규현
576 프로이트, 꿈의 해석 | 김석
577 왜 5왕 | 홍성화
578 소가씨 4대 | 나행주

579 미나모토노 요리토모 | 남기학
580 도요토미 히데요시 | 이계황
581 요시다 쇼인 | 이희복
582 시부사와 에이이치 | 양의모
583 이토 히로부미 | 방광석
584 메이지 천황 | 박진우
585 하라 다카시 | 김영숙
586 히라쓰카 라이초 | 정애영
587 고노에 후미마로 | 김봉식
588 모방이론으로 본 시장경제 | 김진식
589 보들레르의 풍자적 현대문명 비판 | 이건수 🔲
590 원시유교 | 한성구
591 도가 | 김대근
592 춘추전국시대의 고민 | 김현주

사회계약론

사회를 여는 마음의 눈

펴낸날	초판 1쇄 2021년 5월 25일

지은이	오수웅
펴낸이	심만수
펴낸곳	(주)살림출판사
출판등록	1989년 11월 1일 제9-210호

주소	경기도 파주시 광인사길 30
전화	031-955-1350 팩스 031-624-1356
홈페이지	http://www.sallimbooks.com
이메일	book@sallimbooks.com

ISBN	978-89-522-4298-3 04080
	978-89-522-0096-9 04080 (세트)

책임편집·교정교열 김다니엘

026 미셸 푸코

eBook

양운덕(고려대 철학연구소 연구교수)

더 이상 우리에게 낯설지 않지만, 그렇다고 손쉽게 다가가기엔 부담스러운 푸코라는 철학자를 '권력'이라는 열쇠를 가지고 우리에게 열어 보여 주는 책. 권력은 어떻게 작용하는가에서 논의를 시작하여 관계망 속에서의 권력과 창조적 · 생산적 · 긍정적인 힘으로서의 권력을 이야기해 준다.

027 포스트모더니즘에 대한 성찰

eBook

신승환(가톨릭대 철학과 교수)

포스트모더니즘의 역사와 논의를 차분히 성찰하고, 더 나아가 서구의 근대를 수용하고 변용시킨 우리의 탈근대가 어떠한 맥락에서 이해되는지를 밝힌 책. 저자는 오늘날 포스트모더니즘으로 대변되는 탈근대적 문화와 철학운동은 보편주의와 중심주의, 전체주의와 이성 중심주의에 대한 거부이며, 지금은 이 유행성의 뿌리를 성찰해 볼 때라고 주장한다.

202 프로이트와 종교

eBook

권수영(연세대 기독상담센터 소장)

프로이트는 20세기를 대표할 만한 사상가이지만, 여전히 적지 않은 논란과 의심의 눈초리를 받고 있다. 게다가 신에 대한 믿음을 빼앗아버렸다며 종교인들은 프로이트를 용서하지 않을 기세이다. 기독교 신학자인 저자는 이 책을 통해 종교인들에게 프로이트가 여전히 유효하며, 그를 통하여 신앙이 더 건강해질 수 있다는 점을 보여 주려 한다.

427 시대의 지성 노암 촘스키

eBook

임기대(배재대 연구교수)

저자는 노암 촘스키를 평가함에 있어 언어학자와 진보 지식인 중 어느 한 쪽의 면모만을 따로 떼어 이야기하는 것은 불합리하다고 말한다. 이 책에서는 촘스키의 가장 핵심적인 언어이론과 그의 정치비평 중 주목할 만한 대목들이 함께 논의된다. 저자는 촘스키 이론과 사상의 본질에 다가가기 위한 이러한 시도가 나아가 서구 사상을 받아들이는 우리의 자세와도 연결된다고 믿고 있다.

024 이 땅에서 우리말로 철학하기

이기상(한국외대 철학과 교수)

우리말을 가지고 우리의 사유를 펼치고 있는 이기상 교수의 새로운 사유 제안서. 일상과 학문, 실천과 이론이 분리되어 있는 '궁핍의 시대'에 사는 우리에게 생활세계를 서양학문의 식민지화로부터 해방시키고, 서양이론의 중독으로부터 벗어나야 한다고 역설한다. 저자는 인간 중심에서 생명 중심으로의 변화와 관계론적인 세계관을 담고 있는 '사이 존재'를 제안한다.

025 중세는 정말 암흑기였나   eBook

이경재(백석대 기독교철학과 교수)

중세에 대한 친절한 입문서. 신과 인간에 대한 중세인의 의식을 다루고 있는 이 책은 어떻게 중세가 암흑시대라는 일반적인 인식을 가지게 되었는지에 대한 물음을 추적한다. 중세는 비합리적인 세계인가, 중세인의 신앙과 이성은 어떠한 관계를 갖고 있는가 등에 대한 논의를 하고 있다.

065 중국적 사유의 원형   eBook

박정근(한국외대 철학과 교수)

중국 사상의 두 뿌리인 『주역』과 『중용』을 철학적 관점에서 접근한다. '산다는 것은 무엇인가?'라는 근원적 질문으로부터 자생한 큰 흐름이 유가와 도가인데, 이 두 사유의 흐름을 거슬러 올라가다 보면 그 둘이 하나로 합쳐지는 원류를 만나게 된다. 저자는 『주역』과 『중용』에 담겨 있는 지혜야말로 중국인의 사유세계를 지배하는 원류라고 말한다.

076 피에르 부르디외와 한국사회   eBook

홍성민(동아대 정치외교학과 교수)

부르디외의 삶과 저작들을 통해 그의 사상을 쉽게 소개해 주고 이를 통해 한국사회의 변화를 호소하는 책. 저자는 부르디외가 인간의 행동이 엄격한 합리성과 계산을 근거로 행해지기보다는 일정한 기억과 습관, 그리고 사회적 전통에 영향을 받는다는 사실로부터 시작한다는 점을 강조한다.

096 철학으로 보는 문화

신응철(숭실대 인문과학연구소 연구교수)

문화와 문화철학 연구에 관심 있는 사람을 위한 길라잡이로 구상된 책. 비교적 최근에 분과학문으로 등장하기 시작한 문화철학의 논의에 반드시 들어가야 할 요소를 선택하여 제시하고, 그 핵심 내용을 제공한다. 칸트, 카시러, 반 퍼슨, 에드워드 홀, 에드워드 사이드, 새무얼 헌팅턴, 수전 손택 등의 철학자들의 문화론이 소개된다.

097 장 폴 사르트르

변광배(프랑스인문학연구모임 '시지프' 대표)

'타자'는 현대 사상에 있어 가장 중요한 개념 중 하나이다. 근대가 '자아'에 주목했다면 현대, 즉 탈근대는 '자아'의 소멸 혹은 자아의 허구성을 발견함으로써 오히려 '타자'에 관심을 갖게 되었다. 그리고 타자이론의 중심에는 사르트르가 있다. 사르트르의 시선과 타자론을 중점적으로 소개한 책.

135 주역과 운명

심의용(숭실대 강사)

주역에 대한 해설을 통해 사람들의 우환과 근심, 삶과 운명에 대한 우리의 자세를 말해 주는 책. 저자는 난해한 철학적 분석이나 독해의 문제로 우리를 데리고 가는 것이 아니라 공자, 백이, 안연, 자로, 한신 등 중국의 여러 사상가들의 사례를 통해 우리네 삶을 반추하는 방식을 취한다.

450 희망이 된 인문학

김호연(한양대 기초·융합교육원 교수)

삶 속에서 배우는 앎이야말로 인간의 운명을 바꿀 수 있는 기회를 준다. 그래서 삶이 곧 앎이고, 앎이 곧 삶이 되는 공부를 하는 것이 무엇보다 중요하다. 저자는 인문학이야말로 앎과 삶이 결합된 공부를 도울 수 있고, 모든 이들이 이 공부를 할 수 있어야 한다고 믿는다. 특히 '관계와 소통'에 초점을 맞춘 인문학의 실용적 가치, '인문학교'를 통한 실제 실천사례가 눈길을 끈다.

eBook 표시가 되어있는 도서는 전자책으로 구매가 가능합니다.

024 이 땅에서 우리말로 철학하기 | 이기상

025 중세는 정말 암흑기였나 | 이경재 eBook

026 미셸 푸코 | 양운덕 eBook

027 포스트모더니즘에 대한 성찰 | 신승환 eBook

049 그리스 사유의 기원 | 김재홍 eBook

050 영혼론 입문 | 이정우

059 중국사상의 뿌리 | 장현근 eBook

065 중국적 사유의 원형 | 박정근 eBook

072 지식의 성장 | 이한구 eBook

073 사랑의 철학 | 이정은 eBook

074 유교문화와 여성 | 김미영 eBook

075 매체 정보란 무엇인가 | 구연상 eBook

076 피에르 부르디외와 한국사회 | 홍성민 eBook

096 철학으로 보는 문화 | 신응철 eBook

097 장 폴 사르트르 | 변광배 eBook

123 중세와 토마스 아퀴나스 | 박경숙 eBook

135 주역과 운명 | 심의용 eBook

158 칸트 | 최인숙 eBook

159 사람은 왜 인정받고 싶어하나 | 이정은 eBook

177 칼 마르크스 | 박영균

178 허버트 마르쿠제 | 손철성 eBook

179 안토니오 그람시 | 김현우

180 안토니오 네그리 | 윤수종 eBook

181 박이문의 문학과 철학 이야기 | 박이문 eBook

182 상상력과 가스통 바슐라르 | 홍명희 eBook

202 프로이트와 종교 | 권수영 eBook

289 구조주의와 그 이후 | 김종우 eBook

290 아도르노 | 이종하 eBook

324 실용주의 | 이유선

339 해체론 | 조규형

340 자크 라캉 | 김용수

370 플라톤의 교육 | 장영란 eBook

427 시대의 지성 노암 촘스키 | 임기대 eBook

441 소크라테스를 알라 | 장영란 eBook

450 희망이 된 인문학 | 김호연 eBook

453 논어 | 윤홍식 eBook

454 장자 | 이기동 eBook

455 맹자 | 장현근 eBook

456 관자 | 신창호 eBook

457 순자 | 윤무학 eBook

459 사주(四柱) 이야기 | 이지형 eBook

467 노자 | 임헌규 eBook

468 한비자 | 윤찬원 eBook

469 묵자 | 박문현 eBook

470 나는 누구인가 | 김용신 eBook

475 버트런드 러셀 | 박병철

476 에드문트 후설 | 박인철

477 공간 해석의 지혜, 풍수 | 이지형

478 이야기 동양철학사 | 강성률

479 이야기 서양철학사 | 강성률

480 독일 예몽주의의 유학적 기초 | 전홍석

㈜살림출판사

www.sallimbooks.com

주소 경기도 파주시 문발동 522-1 | 전화 031-955-1350 | 팩스 031-955-1355